JIAZU CAIFU GUANLI XILIE LUNCONG
**家族财富管理系列论丛**

# 家族信托
JIAZU XINTUO

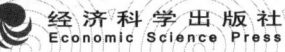

中国财经出版传媒集团
经济科学出版社
Economic Science Press

图书在版编目（CIP）数据

家族信托/应韵，许宁编著 . —北京：经济科学出版社，2019.9

（家族财富管理系列论丛）

ISBN 978 - 7 - 5218 - 0812 - 4

Ⅰ.①家… Ⅱ.①应… ②许… Ⅲ.①家族 - 私营企业 - 信托投资 - 研究 - 中国 Ⅳ.①F832.49

中国版本图书馆 CIP 数据核字（2019）第 184855 号

责任编辑：杜　鹏　刘　悦
责任校对：齐　杰
责任印制：邱　天

## 家族信托

应　韵　许　宁　编著

经济科学出版社出版、发行　新华书店经销

社址：北京市海淀区阜成路甲 28 号　邮编：100142

编辑部电话：010 - 88191441　发行部电话：010 - 88191522

网址：www.esp.com.cn

电子邮件：esp_bj@163.com

天猫网店：经济科学出版社旗舰店

网址：http://jjkxcbs.tmall.com

北京密兴印刷有限公司印装

710×1000　16 开　12.5 印张　210000 字

2019 年 12 月第 1 版　2019 年 12 月第 1 次印刷

ISBN 978 - 7 - 5218 - 0812 - 4　定价：49.00 元

(图书出现印装问题，本社负责调换。电话：010 - 88191510)

(版权所有　侵权必究　打击盗版　举报热线：010 - 88191661

QQ：2242791300　营销中心电话：010 - 88191537

电子邮箱：dbts@esp.com.cn)

# 前　言

2001年我国颁布了《中华人民共和国信托法》，标志着国内信托业进入了一个全新的时代，这是对我国财富管理制度的一种革命性创新。此后的十余年，信托行业的资产管理规模每年呈几何倍数增加，迅速发展成为与银行业、保险业和证券业并齐的现代金融四大支柱行业。胡润研究院调查数据显示，截至2016年5月，中国大陆千万元高净值人群数量约134万人，比2015年增加13万人，增长率达到10.7%；亿万元高净值人群人数约8.9万人，比2015年增加1.1万人，增长率高达14.1%。而高净值人群的首要财富目标，由"创造更多财富"变成"财富保障"，对财富传承工具的需求就越来越强烈。因此，家族信托作为世界范围内众多财富家族选择的家族（企业）保护、管理与传承的工具，成为近年来的许多财富家族追逐的一大热点。

目前，我国家族企业正处在二代传承发展的关键期，无论在理论上还是实践上，对家族信托都体现出前所未有的热情。基于这一认识，我们组织相关领域专家、学者编写了《家族信托》，为我国正处于起步阶段的家族信托发展提供较为系统的理论基础。本书综合了国内外有关家族信托研究的各种学术理论和文献著作，全书共有六章，从家族信托的内涵、功能、设立、产品设计运作以及税收分析等方面，就家族信托对家族财富保护、传承和管理过程进行全面阐述。其中，应韵负责第一、第二、第五、第六章，许宁负责第三、第四章，任培政参编第四、第五章。本书融合了有关家族信托最经典的研究理论和最新研究成果，可以作为大学本科和专科经济管理、社会学专业课程的教材，也可供从事家族企业管理工作的人员学习和参考。同时，我们很荣幸邀请了浙江理脉律师事务所合伙人李奎峰律师加入我们团队的编写，李律师系中国法学会和中国婚姻家庭法学研究会会员，为本书的编写工作提供了最前沿的实践案例。

  由于家族信托作为财富管理工具要考虑到整个家族（企业）保护、管理和传承体系，它只是整个体系的一部分，再加上编者水平有限，本书难以囊括全部内容，其疏漏在所难免，敬请读者谅解和指正。

编　者

2019 年 5 月

# 目　　录

**第一章　家族信托的内涵与发展** …………………………………………… 1

　　第一节　家族信托的内涵 ………………………………………………… 1
　　第二节　家族信托发展的主要体系 ……………………………………… 4
　　第三节　我国家族信托发展面临的障碍 ………………………………… 10

**第二章　家族信托的特征与功能** …………………………………………… 13

　　第一节　家族信托的特征 ………………………………………………… 13
　　第二节　家族信托的功能 ………………………………………………… 16
　　第三节　家族信托的种类 ………………………………………………… 26

**第三章　家族信托的设立** …………………………………………………… 34

　　第一节　信托当事人的主体资格 ………………………………………… 34
　　第二节　信托财产的生效要件 …………………………………………… 42
　　第三节　信托行为的生效要件 …………………………………………… 51
　　第四节　信托目的合法性 ………………………………………………… 62
　　第五节　家族信托的监察人 ……………………………………………… 65

**第四章　家族信托的管理** …………………………………………………… 76

　　第一节　家族信托管理概述 ……………………………………………… 76
　　第二节　家族信托的财产管理 …………………………………………… 78
　　第三节　家族信托的事务管理 …………………………………………… 80
　　第四节　家族信托的变更、撤销与终止 ………………………………… 91

## 第五章　家族信托产品的设计 ································· 98

　第一节　我国家族信托业务的实现模式 ····················· 98
　第二节　家族信托产品设计的要素分析 ····················· 110
　第三节　财产保护类家族信托模式及产品设计 ············· 136
　第四节　财产传承类家族信托模式及产品设计 ············· 142

## 第六章　家族信托的税收分析 ····································· 149

　第一节　家族信托的税收环境 ······························· 149
　第二节　家族信托税制的基本内容 ·························· 151
　第三节　家族信托的所得课税分析 ·························· 158
　第四节　家族信托的离岸信托税收分析 ····················· 164

**附录　《中华人民共和国信托法》** ······························ 178
**参考文献** ························································ 188

# 第一章　家族信托的内涵与发展

## 第一节　家族信托的内涵

### 一、家族信托的起源

信托是一种持续发展了数个世纪的法律制度，最早可追溯到古罗马帝国时期（公元前510～公元前476年）。公元前3世纪中期之前，罗马法律的适用范围仅限于罗马公民，外来人和解放自由人没有遗产继承权，同时，罗马法律对妇女的遗产继承权也有严格的限制。为规避罗马法对遗产继承人的限制，遗嘱人将自己的财产委托移交给信任的第三人，要求其为遗嘱人的妻子或子女利益而代为管理和处分遗产，从而间接实现遗产继承。由此可见，在古罗马帝国时期，已出现信托的雏形，但这种"信托"还是一种无偿的民事行为，涉及的"信托财产"只限于遗产范围。

现代意义上的信托制度则起源于英国封建时代的"用益制度（uses）"。在11世纪的英国，教徒非常热衷于死后将土地捐赠给教会等宗教团体，因而侵犯了封建诸侯的利益。13世纪，英国颁布的《没收法》规定，未经允许，禁止将土地捐赠给教会，否则一概没收。为规避法律，教徒们将其土地转让给第三人，同时要求土地受让人为教会的利益经营该土地，并将该土地所产生收益全部交给教会，这一具有创新意义的制度就是信托的前身。一般认为，用益制度的出现还基于突破"长子继承制度"、规避其他法律义务等原因不断地生存和发展，并逐渐衍生出更多的形态与功能。到15世纪，用益制度已被普遍适用，1535年，亨利八世颁布《用益权法》（Statute of Use），成为信托制度产生的直接渊源，至16世纪，信托制度最终形成。

不同的政治环境、社会文化孕育出不同的信托文化，显现出不同的信托事业模式和发展路径。西方的信托也是在遗嘱基础上发展起来的，信托业务本身的处理往往与遗嘱分不开。中国的信托文化早在三国时代、南北朝时期就有萌芽，信托文化零星地散落于各个朝代却未发展起来，有其特定的政治、经济、宗教及文化因素。首先，历代封建王朝都实行"重本抑末"的政策，商品经济极其落后，未形成大规模的财富管理需求，信托发展缺乏客观经济基础。其次，中国历代王朝更迭都以"均贫富"为由发动，政治局势动荡加剧了财富代际传承的不稳定性。再次，私有产权缺乏有效的制度保障，财富面临很强的政治风险，无法对抗官府的刻意剥夺，政商关系脆弱且不平等。最后，中国古代家文化下以家庭伦理为中心的社会文化特点，以及由此决定的家庭财产关系，使得中国产生了有别于西方的财产继承制度——诸子均分。诸子均分的继承制度导致富人的财富难以集聚，并将继承严格控制在家庭或家族范围内，遗嘱继承受到严格的法律限制。

在我国古代传统社会中，通过遗嘱来传承家庭财富的事实的确存在，但立遗嘱人的遗嘱自由是受到极为严格限制的，在个人所有权尚未出现、遗嘱不能发挥重要作用的社会环境中，只有"托孤遗嘱"以指定监护人和委托管理家产为内容，承担了维护家产和家族延续的功能。因此，家族信托属于信托业的本源业务，未来也必将成为信托业以及金融业发展的重要方向。

## 二、家族信托的概念

通过对家族信托起源的梳理，可以看出，信托制度以"家族信托"为主要表现形式，是通过一种独特的设计，以规避现有法令政策对财产管理和遗产继承的严格限制，实现传承和保护家庭财产的目的。家族信托（family trust）这一名词出现于19世纪末美国的"镀金年代"，是资本家保护个人财产、实现家族资产传承的一种方式。严格来说，"家族信托"并非一个法律概念，而是出于商业目的而创设的一个信托种类，虽然各国对这一制度称呼不同，但在不断发展完善的过程中，也已经形成了较为统一的定义。

2018年8月17日，我国银保监会下发《信托部关于加强资产管理业务过渡期内信托监管工作的通知》（简称37号文），要求各银监局信托监管处室按照"实质重于形式"的原则，加强信托业务及创新产品监管。文中明确定义，家族信托是指信托公司接受单一个人或者家庭的委托，以家庭财富的保护、传承和管理为主要信托目的，提供财产规划、风险隔离、资产配置、子女教育、家族治理、公益（慈善）事业等定制化事务管理和金融服务的信托业务。家族信托财产金额或价值不低于1000万元，受益人应包括委托人在内的家庭成员，但委托人不得为唯一受益人。单纯以追求信托财产保值增值为主要信托目的，具有专户理财性质和资产管理属性的信托业务不属于家族信托。

从司法实践角度来讲，家族信托是对具有某种特征的信托的通称，它有广义和狭义之分。狭义的家族信托，是在综合分析境内外已有的、具有代表性的家族信托案例的基础上总结而来，由家族中的家长（委托人）为了家族、家族成员以及家族企业的长久发展，将部分家族财富置入长期存续的信托中，由受托人根据委托人的意愿对该部分家族财富进行管理、处分，并向指定的受益人（家族成员）分配收益，实现家族家业与事业的永续长青。广义的家族信托，是指凡是被家族或者家族成员采用的，能够体现家族意志、维护家族利益的信托，都是家族信托。广义的家族信托包括了狭义的家族信托。家族信托广泛被全球范围内的各大财富家族采用，境内家族如吴亚军（龙湖地产）、潘石屹（SOHU中国）；中国香港地区家族如李嘉诚（长江实业）；国外则有洛克菲勒家族、杜邦家族、沃顿家族和福特家族等。但是，即使是境内家族，也普遍采用了海外信托来搭建家族信托结构。目前，家族信托在中国内地的发展仍处于起步阶段。

### 三、家族信托的属性

根据受托人是否是营业性的受托机构，可以将信托分为营业信托与民事信托。从上面家族信托的起源与概念来看，家族信托属于民事信托，其与营业信托的区别如下。

1. 家族信托多属于他益信托，营业信托多属于自益信托

委托人设立家族信托的目的在于维护整个家族的利益，受益人并不限于委托人自己，还包括诸多家族成员，因此，家族信托多属于他益信托。而营业信托的委托人和受益人往往是同一人，多属于自益信托。

2. 家族信托的受托人范围比较广泛，营业信托受托人为信托机构

家族信托的受托人范围比较广泛，可以是信托机构之外的其他自然人和法人。适格的受托人包括信任的朋友、银行、律师事务所、会计师事务所、第三方

理财机构等，离岸信托还可以以私人信托公司为受托人。营业信托的受托人为具有营业性质的信托机构，范围比较单一。

3. 家族信托的发起人为委托人，营业信托的发起人多为信托机构

家族信托是单一信托，具有独特性和私人性的特点，一般由委托人和受托人协商信托契约与信托结构，由委托人作为唯一的发起人设立信托。营业信托的受托人为信托机构，其经营的信托一般为集合信托，即信托机构先确定项目，再把众多委托人的资金集合成一个整体加以管理和处分，因而发起人多为信托机构。

4. 家族信托的目的具有多样性，营业信托的目的为营利

家族信托起源之初就具有融合多种目的为一体的特点，一般来说，家族设立信托是出于家族财富保护、财富传承、家族治理、税收筹划和社会慈善等多重目的，其目的具有多样性。营业信托发起设立信托多是出于融资及投资的需求，其主要目的是为了获得利润。

5. 家族信托的合同为量身定做，营业信托合同多具有格式条款

家族信托具有"私人订制"的特点，因此，信托合同须量身定做，以满足其不同需求。营业信托是集合信托合同，由于委托人众多且需求趋同，因此，信托机构为了节省成本，与委托人签订信托合同时多采用格式条款。

## 第二节 家族信托发展的主要体系

### 一、英美法系家族信托

1. 英美法系家族信托介绍

家族信托在不同的英美法系国家和地区的发展情况各有差异，本节选择英国、美国和中国香港地区为代表加以详述。

（1）英国。英国是现代信托制度的起源地，1839年颁布了《受托人法》（The Trustee Act），针对受托人如何处分、转移信托财产的技术细节加以规范；1925年颁布了新《受托人法》，比较全面地规定了受托人的投资、受托人任命与解任、法院的权力等内容。信托关系中其他方面，如信托的设立与有效要件、受益人的权利等，则存在于衡平法的判例中。

英国的信托业务起源于民事信托,虽然历史悠久,但英国人将接受信托当作一项荣誉和义务,长期实行无偿信托,市场化发展较晚,且经济水平逐渐落后于美国和日本,因此,信托业整体规模不如美国、日本等国,但总体来说,信托观念已深入人心。在家族信托的发展方面,很多富豪及其家族已通过家族信托来实现财富的保值、增值和传承,甚至英国女王伊丽莎白二世也设立了家族信托,通过第三方机构来管理女王的私有财产。

(2) 美国。18世纪末19世纪初,信托制度自英国引入美国后获得极大发展。美国创立信托机构的时间早于英国80多年,并完成由个人信托向法人信托的过渡以及民事信托向金融信托的转移,成为世界上信托业最为发达的国家。根据委托人的性质,美国将信托分为个人信托、法人信托、个人和法人混合信托三类,其中,个人信托又包括生前信托和身后信托两类。信托机构根据委托人的要求和财产数量,提供专业的信托服务。

(3) 中国香港地区。中国香港地区的法律制度性质属于英美法系,其信托法由判例、规例和单行法规组成。有关信托的法规主要有《信托法例》《受托人条例》《信托基金管理规则》《司法受托人规则》《信托变更法例》《财产恒继及收益累积条例》《娱乐慈善信托》等,其中,《受托人条例》和《财产恒继及收益累积条例》分别制定于1934年和1970年,多年来未有重大修改,其中部分条文已不符合现代信托的需要,例如,专业受托人不能收取服务佣金,反财产恒继原则和反收益过度累积规则等,严重阻碍了香港地区家族信托的进一步发展。因此,中国香港地区的私人家族信托的设立地大多选择在海外离岸岛屿,通过在离岸国家开设子公司(空壳公司)的形式,由家族信托基金拥有该子公司100%的股权,并利用子公司控股家族旗下的其他实体公司,以达到管理家族资产的目的。2013年12月1日,中国香港地区全新的《信托法》正式生效,新规对1934年和1970年的旧例进行了大刀阔斧的改革,包括赋予受托人更大的预设权力,涵盖投保、委任代理人、特许投资和收取酬金,废除两项普通法原则,引入反强制继承权规则。此次修订使中国香港地区信托具有更高的灵活度和更透明的权责分配,也更能满足委托人的需求。

中国香港地区受西方发达国家影响较深,设立海外信托的情况较为普遍,无论是商界大亨抑或是娱乐明星都会设立信托以使资产得到保护或者更好的传承。香港富豪邵逸夫生前将大部分资产套现注入邵逸夫慈善信托基金,信托基金同时承担家族信托和慈善信托两种功能，既实现了公益目的，也避免了爆发财产纷争，使财富得到传承。

2. 英美法系家族信托的主要特点

基于家族信托在财富管理及传承方面的诸多优势，在英美发达国家，家族信托制度已经十分成熟。英美法系国家和地区家族信托的主要特点有：第一，在法律制度方面，英美法通过赋予信托财产"双重所有权"的性质，使信托制度的运作结构有了合理的法律基础。家族信托业务作为英美信托的本源业务，具有完善的法理基础和法律制度支持，同时有着源远流长的传统。第二，在法律具体规定方面，英美法系对家族信托的规定趋于保守，在信托形式上禁止委托人设立"目的信托"，在权利义务上还没有完成由受托人中心主义向董事会中心主义的转变，因此，家族信托尚且无法满足所有的家族治理目的。第三，在受托人性质方面，家族信托的受托人一般不是营业信托机构。起初家族信托的受托人多为委托人信任的朋友或律师事务所，随着家族信托的发展，受托人逐渐由信任的朋友或机构转变为专门设立的"家族办公室"。第四，在家族信托的功能上，除家族财富管理与继承的基础功能，还多与慈善信托相结合，兼顾家族慈善事业的发展。第五，在家族信托设立地的选择上，一般选择"离岸家族信托"或者"在岸离岸信托"，以完成其国际化的资产配置目的。

## 二、大陆法系家族信托

1. 大陆法系家族信托介绍

与英美法系相比，大陆法系家族信托历史较短，本节选取德国、日本、中国台湾地区三个典型的大陆法系国家和地区的家族信托发展状况加以详述。另外，近年来，中国大陆的家族信托业务也出现萌芽，并进入初步发展阶段。

（1）德国。德国属于典型的大陆法系国家，信托法渊源不长，直到19世纪末，才模仿英美等国建立信托制度。在金融经营模式上，德国长期以来实行商业银行混业经营的制度，信托业务主要由银行内部的专业职能部门或其控股子公司负责。德国信托业发展得较为平稳顺利，监管完善，银行功能全面，具有信托业务经营面宽、产品设计贴近普通民众、方式灵活多变等特点。具体到家族信托的发展状况，在信托制度建立之前，德国民间在处理遗产等问题时习惯于选择通晓经济的人当监护人或看护人代为管理，信托制度建立后，将信托分为个人信托和法人信托两种个人信托业务针对不同客户的个别要求,具有很强的灵活性,包括财产监护信托、退休养老信托、保险金信托、子女保障信托、遗嘱信托、不动产信托、公益信托等不同形式。家族信托属于个人信托业务,被广泛应用于传承和积累家产、管理遗产、照顾遗族生活、保护隐私、慈善事业等领域。

(2) 日本。日本的信托制度主要是借鉴美国的信托制度并予以成文化引进的。日本是亚洲最早引入信托制度的大陆法系国家,其健全的法律体系大大促进了日本信托业健康、平稳和快速的发展。1922年日本制定《信托法》,成为规范信托行为和信托关系的基本法规,随后还颁布了《信托业法》《兼营法》等。日本信托的一大特点是,许多创新性的信托业务或产品是根据相关法律法规加以创设的,例如,日本通过《贷款信托法》《福利养老金保险法》《继承税法》等法规后,分别出现了贷款信托、福利养老金信托以及财产信托。

在家族信托的发展方面,由于信托制度是继受而来,民众缺乏信托的观念和传统。同时,日本的家族观念很强,家庭财产通常由家长负责管理,若家长亡故,则通常由家族中有威望的亲属代为照看管理,因此,很少将家族事务委托他人管理。这使得日本缺乏家族信托发展的民众基础,只能通过营业信托的发展带动信托观念的培育和发展。目前,日本具有家族信托性质的业务主要集中于财产管理信托,包括生前信托、遗嘱信托和特定赠与信托。

(3) 中国台湾地区。20世纪60年代,中国台湾地区为引导民间资本流入投资事业,开始批准设立信托投资公司,信托业开始在中国台湾地区发展。中国台湾地区于1996年和2000年分别制定"信托法"和"信托业法",2001年通过七大信托相关税法的修正案以及信托登记的相关规定,使得与信托配套的其他制度日趋完善。中国台湾地区的信托机构主要为混业经营的商业银行,针对个人信托业务,强调全方位、全过程的信托服务,对不同的个人或家庭,在不同的年龄段提供不同的信托产品,以满足个人资产保全、资产增值、子女教育、养老等多重目的。

中国台湾地区家族信托的发展早于大陆,近年来,已有不少高净值人士借助家族信托来达到家族财富节税保值的目的。海外家族信托在台湾富豪家族之中的适用也较为广泛,中国台湾地区前首富王永庆生前设立海外信托,将多数海外资产放入五个海外信托中,从而避免了无休止的豪门争产。

(4) 中国大陆。中国大陆的信托制度发展较晚,家族信托业务目前尚处于发展和起步状态。海外家族信托的发展早于国内家族信托的发展，目前所熟知设立海外信托的内地富豪主要有龙湖地产吴亚军、蔡奎夫妇家族信托，潘石屹、张欣夫妇家族信托，牛根生慈善信托、家族信托等。2012年，平安信托推出国内首单家族信托，使得信托公司开始聚焦家族信托业务。被誉为"家族信托元年"的2013年和家族信托迅猛发展的2014年，各大信托公司、私人银行和第三方理财机构纷纷试水家族私人财富管理业务。家族信托得到越来越多金融机构和高净值人士的关注。

2. 大陆法系家族信托的主要特点

大陆法系国家没有信托的传统，现代信托制度均由英美法系国家继受而来，因此，信托发展时间较短，就家族信托业务而言，不如英美法国家完善和成熟。大陆法系国家和地区家族信托发展的特点有：第一，从法律制度上来看，大陆法系缺乏信托法律传统，很多国家虽然已经出现了具有家族信托业务性质的信托形式，但家族信托还未从个人信托或事务管理型信托中独立出来；第二，从财产权制度来看，大陆法系"一物一权"与英美法系"双重所有权"的财产权制度还是存在一定不融合的地方，为大陆法系家族信托的发展带来一定障碍；第三，从受托人性质来看，大陆法系国家对金融行业多实行混业经营，家族信托的受托人多为金融机构；第四，从功能来看，家族信托的功能还不全面，主要集中在遗产管理、赠与、公益、资产保值等功能；第五，从法律渊源来看，大陆法系是成文法系，其信托法律以成文法即制定法的方式存在，判例法并不是正式的法律渊源，这与英美法系明显不同。

### 三、离岸家族信托

1. 离岸家族信托介绍

离岸家族信托是指在离岸地（基本上为离岸金融中心），依据离岸地信托法设立的家族信托。世界上著名的离岸金融中心包括英属维尔京群岛（BVI）、开曼群岛、库克群岛、巴哈马群岛、百慕大群岛、塞舌尔群岛、萨摩亚群岛、马恩岛、毛里求斯、塞浦路斯、新加坡、中国香港地区等国家和地区。这些离岸金融中心一般具有法律制度完善、税收环境良好、政治环境稳定、金融制度发达等特点。基于这些优势，近年来源源不断地吸引世界各地的企业家将家族信托设立于离岸地。

## 2. 离岸家族信托的主要特点

离岸家族信托的特点有：第一，在法律制度方面，信托立法非常灵活，强制性规定较少，且非常重视信托信息的保密性，没有强制披露义务。第二，在管理信托财产的权力方面，改变了英美法系"受托人中心主义"的传统，多采取"董事会中心主义"，即豁免了受托人原本负有的管理义务，将管理家族信托的权力由受托人向家族企业的董事会转移，以配合家族对企业控制权的要求。第三，在受托人的选择上，多采取私人信托公司（private trust company，PTC）的形式。私人信托公司一般由离岸地持牌信托公司辅导委托人或家族企业设立，由私人信托公司担任家族信托的受托人，以保证家族成员对家族企业的控制权。其优势在于让家族成员积极参与信托基金的管理，另外，在股权的安排上也具有相当大的灵活性。第四，"目的信托"与"消极信托"运用得比较普遍。离岸家族信托的年收益率比较低，大多只能达到2%～3%，因此，家族信托的设立目的不是追求财富的增加，而是满足家族财产的保值、传承和慈善事业的需求。从离岸家族信托的特殊功能可以看出，其不需要受托人从事太多的管理行为，仅需担任家族财产的名义所有人即可，因此，具有消极信托的特征。第五，离岸地为家族信托提供了充分的司法保护。首先，离岸地信托法大多规定了法院可以经受益人的申请介入信托事务，或应受益人的请求撤销及更换受托人，最大限度地保护受益人的利益。其次，离岸地为了保护被转移至该国（地区）的信托财产，其立法和法院有不承认外国法律或判决的效力的传统，防范他人依外国法律赋予之继承权行使请求。最后，离岸地法律缩短了外国债权人向离岸地法院请求信托财产的期限，超过规定期限后不再承认外国人的债权请求权。

从以上对家族信托的发展现状进行分析来看，三大事件给源于英国的民事信托制度带来重大变革：第一，主要目的为获取利润的营业信托的出现；第二，大陆法系在保留其原有的民商制度体系下引入信托制度，但更多引入的是营业信托制度；第三，离岸金融中心对英国传统信托制度的扬弃。这使得现代的家族信托不同于英国传统的简单委托于信任自然人的民事信托，可以说，家族信托是传统民事信托发展的高级阶段，家族信托既需要现代营业信托的专业理财技能支持，又需要值得信赖的律师事务所进行专业的事务管理，还需要税务师、离岸机构进行成本和费用的筹划。

## 第三节　我国家族信托发展面临的障碍

### 一、信托登记等制度缺位，家族信托推进难

《信托法》中民事信托部分缺失很大，对纳入信托的财产所有权过户变更问题未作出清晰的定义，并且信托财产登记制度滞后，使信托财产独立性、破产隔离等特点无法得到充分体现，制约着占据富豪大部分的股权、不动产等非现金资产形式的家族信托开展。根据《信托法》的规定，依法办理信托登记是财产信托生效的前提。以现金资产为形式投资信托计划时无须办理登记，而非现金资产则需要办理信托登记手续才能产生信托效力。受限于登记及过户制度的不完善，海外应用最广泛的非现金资产就难以成为中国版家族信托的核心资产，导致信托资产单一，主要是资金信托业务，进而使得回归信托本源的业务仍难以落地。此外，家族信托属于他益信托在《信托法》中虽有所提及，但并未作出详细明晰的规定，仅在多受益人和继承人方面作出了说明，界定模糊，也阻碍了家族信托业务的开展。

### 二、"公示"无法实现隐私保护的目标，存在私密性障碍

"财不外露"心态以及财产来源可能存在"原罪"等问题决定了在境内开展家族财富管理所具有的挑战性。保证私密性是富豪对家族信托受托人的首要条件，为了避免纷争及确保安全，不愿透露信托计划。然而，我国将公示作为信托生效的法律要件，财产纳入信托计划时，除了办理信托登记手续外，还要公示，以确认该信托关系不会影响第三人利益、无损社会公共利益，这就会对财富隐私构成威胁，曝光财富会引发富豪的不安，令其望而却步，且与避免预立遗嘱和遗嘱认证程序公开的初衷相违背。而境外为了保护委托人及受益人的隐私，信托生效要件无须公示，家族信托完全私密；即便是司法需要，受托人也有权不公开委托人的家族信托计划。

### 三、税收政策削弱设立家族信托的动力

继承财产的转移过程中，税务负担未做具体说明，只是沿袭一般企业的纳税

准则，由此可能产生重复纳税，即以信托财产名义交付产生的纳税义务与信托终止时信托财产转移所产生的纳税义务相重复；在信托经营过程中，信托收益产生的所得税纳税义务与信托终止时或信托收益分配时产生的所得税纳税义务相重复。我国房屋产权变更一律视为交易性，须征收交易税。以不动产设立信托未被认定为非交易行为，不动产纳入信托和交付受益人时将面临两次扣税，致使其难以被纳入家族信托计划。同时，海外财富规划时，税务安排是重要的考虑因素，家族信托具有强烈的避税动机，主要是合法规避税率高达55%的遗产税。国内征收遗产税的讨论不绝于耳，并被写入党的十八届三中全会草稿，但何时落实还未提上日程，这使财富传承所面临的税负极低，家族信托无法发挥节税优势。税务筹划动机不强致使家族信托需求缺乏广泛开展的契机。

### 四、家族信托资产庞大为财富管理能力带来挑战

国内家族信托起步晚，人才储备匮乏，真正意义上的家族办公室管理队伍还未形成，业务管理经验仍需积累。目前，信托公司主要以融资类信托为主导，人才储备、主动财富管理能力、综合资产管理能力与市场需求并不能完全匹配。家族信托则要求信托公司转换角色，充当财富管家。操作资产庞大的家族信托，需要具备极强的财富管理能力和专业化人才团队，受托意识以及对于不同资产的配置和驾驭能力还有待进一步提高。同时，信托公司海外资产管理经验欠缺，还不具备开展真正的跨境资产管理能力。

### 五、认同感和接受度不足，需要多方培育

家族信托实现财富跨代管理，往往需要存续数百年。洛克菲勒家族的信托基金已存在上百年，财富传承历经六代。在中国，信托业发展仅30余年，且良莠不齐，仅是投资理财渠道，监管未能跟进；私人银行不过10余年；第三方财富管理机构成立时间更短，能否承担家族财富在几代人之间传承的重任有待考验。而且，受托机构生命力要足够长久，一旦倒闭破产，家族信托如何存续？相比而言，银行或许相对可靠。找到合适"可信任的受托人"可谓一大现实问题。同时，家族信托属于新鲜事物，概念尚未普及，富豪阶层缺乏认知和信任；家族信托理念相对淡薄，对初始委托资产仍存疑问，特别是对"财产权剥离"十分敏感；甚至不相信家族信托能够助力家族掌握企业的控制权。加之受托人通常不具

备经营企业所需要的专业知识，没有合适的职业经理人，企业家就难以将企业"信而托之"。

## 六、其他因素的桎梏

信用体系仍未完全建立，调查客户的信用状况成本很高，导致客户在尽调查后难以设立家族信托；私权保护状况不理想；普通大众获取财富的机会不均等导致对富豪阶层的理性缺失；由于我国外汇制度的管制，境外资产需单独设立信托，境内信托无法对委托人在境外的资产进行托管，阻碍家族基金的全球资产配置；未凸显律师作为家族信托中事务管理者的核心地位，无法担负为客户提供防火墙、风险隔离、私密服务的重任；信托持股上市存在障碍，即股权由信托持有，将无法满足上市公司股权清晰的要求，监管部门曾明确指出，信托持股因投资人匿名以及容易规避很多监管而不被接受等诸多因素，将进一步制约家族信托发展。

# 第二章 家族信托的特征与功能

## 第一节 家族信托的特征

### 一、家族信托为意定信托

依据信托的设立是否需要委托人的意思表示，可以将信托分为意定信托和非意定信托。意定信托是指依据委托人的意思表示而设立的信托，英美法上称为明示信托（express trust）。非意定信托是指不依据委托人的意思表示而设立的信托，又可以分为法定信托（statutory trust）和默示信托（implied trust）。区分两者的意义在于两类信托的设立条件完全不同，意定信托的设立需要委托人明确的意思表示行为，而非意定信托的设立则不需要。

根据我国《信托法》的规定，一项有效信托的设立，除了委托人要将信托财产转移给受托人并依法办理信托登记之外，还需要以书面形式设立信托。而合同等书面形式无非是委托人意思表示的载体，因而家族信托应当属于意定信托。由于家族信托涉及对家族财产和家族事务的具体规划、对受益权的分配、对受托人的选任、对准据法的适用等重要问题，需要委托人为明确的意思表示行为。此外，家族信托的契约和结构往往是量身定做的，信托合同条款完全按照委托人和家族的意愿订立，因此，在没有委托人意思表示的情况下，是无法设立家族信托的。

### 二、家族信托主要为私益信托

根据信托目的的性质不同，一般将信托分为私益信托和公益信托。私益信托是为了私人目的而设立的信托，公益信托是为了公共利益的目的例如宗教、教育、济贫等而设立的信托。相较于公益信托而言，信托法本身并没有"私益信托"的概念，这只是一种学理上的概括。信托法中除非有特别规定，一般都是指私益信托。

根据我国《信托法》的规定，所设立的信托如果具有救济贫困，救助扶助残疾人，发展教育、科技、文化、艺术、体育事业，发展医疗卫生事业，发展环境保护事业、维护生态环境或发展其他社会公益事业的目的，则属于公益信托，此外一般则属于私益信托。而在家族信托中，作为家族财富创造者或家族企业创始人的委托人，为达到传承家族财富、隔离风险、税收筹划等目的，主要是为了整个家族的利益而设立家族信托，受益人一般也是以家族成员为主，包括委托人本人。因此，家族信托主要是私益信托。但是，随着家族信托理论和实践的发展，家族信托也并非仅限于私益目的，随着家族与社会之间关系的强化，家族及其成员的利益与社会利益、社会公益事业之间具有越来越多的一致性。在有些家族，例如美国洛克菲勒家族专门设立了公益慈善信托，与家族信托一起管理；还有的家族，例如邵逸夫家族，将公益慈善信托与家族信托混合一起，为家族信托的发展提供了新的借鉴。

### 三、家族信托主要为他益信托

依据委托人和受益人是否为同一人、信托的利益是否归属于委托人本人，可以将信托划分为自益信托和他益信托。自益信托是委托人以自己为唯一受益人而设立的信托，这种情况下，委托人和受益人是同一人。他益信托是指委托人不以自己为唯一受益人，而以其他人或与其他人一起作为受益人而设立的信托，在这种情况下，委托人与受益人并不完全重合。

家族信托设立的目的是为了家族和家族成员的利益，其受益人一般为家族全部或部分成员，甚至包括未出生的家庭成员，而不局限于委托人本人，因而家族信托一般为他益信托。但是我国法律对他益信托的规定并不明确，《信托法》中并没有直接提及他益信托，只是简单提到了委托人不是唯一受益人、部分受益人放弃受益权等情形。而且在实践中，我国信托公司业务多以信托财产的增值为目的，即我国信托业务以自益信托为主。因此，在完善我国信托立法的同时，信托公司也应当拓宽业务领域，满足高净值客户的财富传承等现实需求，促进家族信托业务的发展。

## 四、兼具财产与事务管理双重特性

与单纯的财产管理型信托不同,在家族信托中,受托人具体职责不但包括对家族财产的管理还包括对家族事务的管理,而其中的财产管理又主要是为了家族财产的安全与保护,不可取代对家族事务的管理并与家族事务密不可分。因此,家族信托不能等同于一般的理财产品,家族信托是通过复杂的权利义务设计,以受托人为委托人或受益人管理家族事务为主,在实践中,具体的家族事务管理包括股权管理、家族治理、子女教育等诸多方面。

例如,家族信托可以将分散的股权集中起来,实现对上市企业的控股,进而统一决策。内地企业雅居乐赴港上市之前,股权松散。借道家族信托,分别持股的陈氏家族将分散的股权注入 Top Coast 的投资公司实现了股权的集中。后来 Top Coast 对雅居乐持股 60% 以上,为其第一大股东。由于家族信托的私密性较强,上市公司的控股股东以及高管都有信息披露义务,与上市公司关联的财产公开程度较高;但是家族信托的受益人则不必如此,可以尽享私密空间。

## 五、兼具积极信托和消极信托的特性

根据受托人义务是积极的还是消极的,信托可以分为积极信托和消极信托,或称主动信托和被动信托。积极信托是指委托人委托受托人对标的财产进行积极管理或处分的管理信托,受托人负有对受托财产进行积极管理或处分的义务。消极信托,是指委托人并未委托受托人就标的财产进行积极管理或处分的信托。在消极信托中,受托人仅充当信托财产的名义所有人,对于信托财产的管理、处分不主动承担任何积极的决策和实施功能,而完全听从委托人或受益人的指示,或对委托人或受益人的管理、处分行为予以完全承认。

我国《信托法》第 2 条规定,信托"是指委托人基于对受托人的信任,将其财产权委托给受托人,由受托人按委托人的意愿以自己的名义,为受益人的利益或者特定目的,进行管理或者处分的行为"。虽然该条规定了受托人的管理或处分义务,但是也规定了受托人要按委托人的意愿进行管理或处分,特别是《信托法》还规定了受托人必须遵守信托文件,因此,我国并不否认消极信托的合法性。由于家族信托的个性化特征,委托人可以在信托契约中作出各种各样的指示。例如，委托人可以在信托文件中指示将一处房产纳入信托，受益人为整个家族成员，委托人并未说明受托人的具体责任是什么，则这项指示就具有消极信托的特性。委托人还可以在信托文件中指示家族企业的股权如何分配，何时分配，并明确规定受托人的职责，这时成立的信托则具有积极信托的特性。上述两种不同类别的指示可以出现在同一项家族信托契约中，因此，家族信托兼具了积极信托和消极信托的特性。

## 第二节 家族信托的功能

家族信托，是财产私有化制度持续不断扩充下的产物，是世界众多财富家族选择进行家族（企业）财富保护、管理与传承的重要工具。本节将对家族信托在保护、管理与传承等方面的四个重要功能进行介绍。

### 一、财富保护功能

家族信托的首要功能是对信托财产的保护。虽然世界各国关于家族信托功能的法律规范标准存在一定差异，但各国的家族信托基本都具备了对信托财产的隔离功能、私密保护功能、风险规避功能和财产稳定功能。

#### （一）财产隔离

世界上大多数国家关于信托的立法均存在一个非常一致的态度——除非委托人在信托中过度保留了权利，信托财产的独立性受到法律以及司法实践的认可。立法层面上，非常清晰明确地确立了信托财产的独立性。

首先，信托财产独立于委托人的财产，与委托人的财产相区分。除非委托人保留对信托的撤销权，信托的独立性一般不受委托人的债权债务、死亡、依法解散、被依法撤销，以及被宣告破产等情形影响。

其次，信托财产是独立于受托人的固有财产，与受托人的固有财产相区别。除非在特定情况下（如受托人混同了信托财产和个人财产），信托的独立性不受受托人的债权债务、死亡、依法解散、被依法撤销，以及被宣告破产等情形影响。

再次，中国法律明确规定了除列举的四种情形以外，不得强制执行信托财产。这再度强调了信托财产的独立性。

最后,中国法律在信托财产对于受益人财产的独立性上给予了信托当事人某种程度的空间。中国《信托法》第 47 条规定:"受益人不能清偿到期债务的,其信托受益权可以用于清偿债务,但法律、行政法规以及信托文件有限制性规定的除外。"第 48 条规定:"受益人的信托受益权可以依法转让和继承,但信托文件有限制性规定的除外。"故信托财产可以通过信托当事人意定的方式独立于受益人的财产。

基于信托财产的独立性,被置入信托的家族财富也就得到了很好的隔离与保护。委托人通过设立信托,将其希望予以进行隔离性保护的资产投入信托中,使得前述资产产生独立性,以达到对资产隔离,对财富的有效保护是通过信托财产隔离机制实现的。在家族信托中,信托财产一经委托人委托(转移)给受托人,即通过进入信托法律关系建立了与委托人财产和受托人财产的双向隔离机制,使得企业和家族财产独立于家庭成员的个人财产,不会因为家庭成员个人的能力、债务、婚姻、刑事追索、死亡而导致企业或家族财产受损或削减,并使家庭成员能持续、安全地从家族企业或财产中受益。

(二) 资产讯息保密

家族信托属于民事信托,是一项由信托委托人与受托人共同构建的法律架构。这一法律框架由家族信托的委托人、受托人、受益人、保护人(可以不设置)和信托财产共同构成。信托财产的运用和管理都是以受托人的名义进行的。依据法律,受托人必须履行保密义务。除特殊情况外,受托人没有权利向外界披露信托财产的运营情况。在这一架构中,对于家族财产的管理和分配,家族信托具有较强的保密功能。

在世界大多数国家的立法下,一般而言,在家族信托的设立以及管理的过程中,信托相关文件不必对外进行登记或者公示。部分离岸地甚至允许将信托的相关信息对受益人、行政机关进行保密。英属维京群岛的信托法明确规定,无须就信托契约及相关附随信托文件在政府部门或管理部门进行登记。泽西岛《信托法》1984 年修订案第 29 条规定,受托人可以依据信托条款或法院法令的授权拒绝向任何人披露与受托人权限、信托管理过程或信托财产账户相关的信息或文件。

信托的私密性功能对家族财产的保护而言意义重大。一方面,信托的密功能避免了财产外露引发的风险;另一方面,信托相关文件对家族内的适当保密,也有利于家族的和谐与持续。委托人在设立信托时，需要家族的长远利益出发。在后续信托管理与分配的过程中，委托人还需要通过信托意愿书的方式对受托人进行建议。这些与信托有关的文件，以及托人在管理、分配信托资产过程中的信息，一般并不适合外界以及受益知晓。否则可能导致不必要的家族矛盾，影响整个家族的稳定、团结。

### （三）风险规避

家族企业的一大弊端在于企业和个人的财产通常无法清晰界定。当企业面临财务危机、破产危机、家族企业股权所有者婚姻破裂、家族继承不确定等问题时，企业就会出现股权、资产被分割或缩水的风险。信托作为一个灵活的法律架构，通过对信托架构的设计，可以达到一定程度的风险规避功能。世界上有许多财富家族通过信托的架构设计与机制安排，规避了家族财富在传承过程中可能面临的各式各样的风险。

例如，2013年6月24日，一则玖龙纸业有限公司董事长张茵将与丈夫离婚的消息在业内被传得沸沸扬扬，虽然后来公司发表声明证实力谣传，但是由该则消息所引出的家族信托则自此走进公众视野。

据了解，张茵与其丈夫刘名中、儿子刘晋嵩、舅父张成飞通过三只信托基金持有玖龙纸业大股东（Best Result Holdings Limited）62%的股权而实际控制玖龙纸业。这三只信托基金分别为刘氏家族信托（The Liu Family Trust），张氏家族信托（The Zhang Family Trust），金巢信托（The Golden Nest Trust）。他们均由法国巴黎泽西信托有限公司（BNP Paribas Jersey Trust Corporation Limited）作为基金管理人进行管理，如图2-1所示。此外，张茵、刘名中、刘晋嵩又直接持有玖龙纸业2.3%的股份。

如此复杂的信托结构设计，其主要目的是使未来公司的经营不会受到婚姻变动、财产分割、遗产继承等的影响，保证企业股权不会被稀释。

## 二、家族治理功能

家族治理包括两个层面，存在三重关系。"两个层面"是指家族治理包括家族和家族企业两个层面的治理，仅仅依靠家族企业层面的治理结构并不能解决家族内部的矛盾纷争，更不能解决家族企业的有效传承；"三重关系"是指家族成员、企业股东和企业管理者之间的关系互相交叉，互相影响，忽略任何一重关系都会影响家族治理的效果。

```
         成立人                              成立人
      刘名中（张茵配偶）                   张成飞（张茵胞弟）
           │                          ┌────────┴────────┐
           ▼                          ▼                 ▼
      刘氏家族信托                   金巢信托          张氏家族信托
   (The Liu Family Trust)    (The Golden Nest Trust) (The Zhang Family Trust)
           │         ┌──── 受益人 ────┐                  │
           │              刘晋嵩（张茵之子）              │
           │                                             │
           └─────────► 受托人：法国巴黎泽西信托有限公司 ◄─┘
                    （BNP Paribas Jersey Trust Corporation Limited）
              ┌──────────────┬──────────────┬──────────────┐
              ▼              ▼              ▼              ▼
            张茵         金新有限公司    Winsea投资有限公司  橡子冠有限公司
                       （Goldnew Limited）（Winsea Investments Limited）（Acorn Crest Limited）
             持股          持股         持股15.874%         持股10%
           37.073%       37.053%
              └──────────────┴──────┐    │    ┌──────────┘
                                    ▼    ▼    ▼
                                 百富控股有限公司
                              （Best Result Holdings Limited）
                                    │
                                  持股64.12%
                                    ▼
                                  玖龙纸业
```

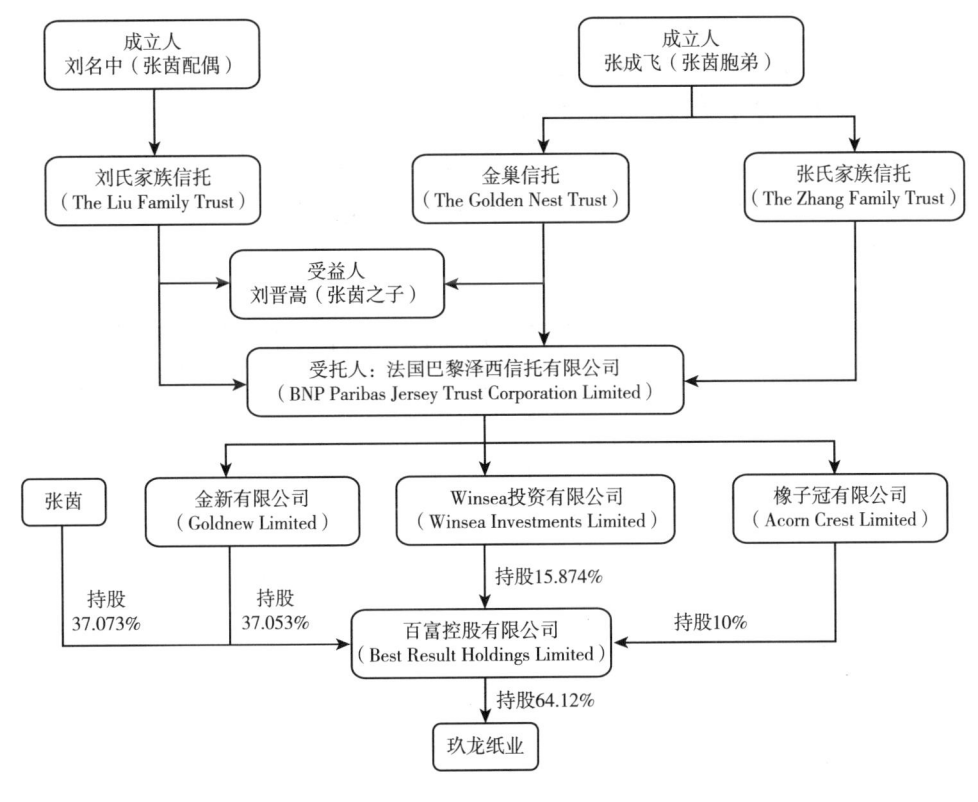

图 2-1 张茵家族信托结构

### （一）家族治理

随着家族与家族企业的发展，家庭成员的数量越来越多，此时就需要建立一个清晰的家族治理结构，设定家族成员之间的规则，预防潜在冲突，保证家族的延续与家族企业的持续经营。家族治理的主要途径有以下两种：第一，制定家族宪章，用来明确阐述家族的愿景、使命、价值观，规范家族成员与企业关系的若干政策；第二，设立家族治理机构，例如家族大会、家族理事会等，用来商讨和决策事关家族成员和家族利益的重大事项。

家族信托可以与这两种家族治理的形式很好地融合，家族宪章的内容可以决定家族信托的结构框架，满足家族治理的不同需求。家族信托成立后，通过家族机构的决策，可以对家族信托的事务管理工作提出要求，并根据家族需求和利益的变化做灵活调整。

例如，香港品牌李锦记是华人社会中少见的长寿家族企业，其持有者李氏家族的传承历史已长达120年，度过了两次家变危机，历经四代，从最初的家庭小作坊发展成为大型企业集团。作为一个并未上市的大企业，所有股权由家族100%掌控。

李氏家族为实现良好的家族传承与管理，确立了"以家族为中心的传承观念"，于2003年成立家族委员会和家族议会，制定和完善家族宪法，并设有家族办公室、家族基金、家族发展中心等机构，由家族核心成员负责。李氏家族凭借持续创业以及家族价值观的建立，突破了华人家族代际传承过程中的分家析产等传统模式的阻碍。李氏家族事业结构如图2－2所示。

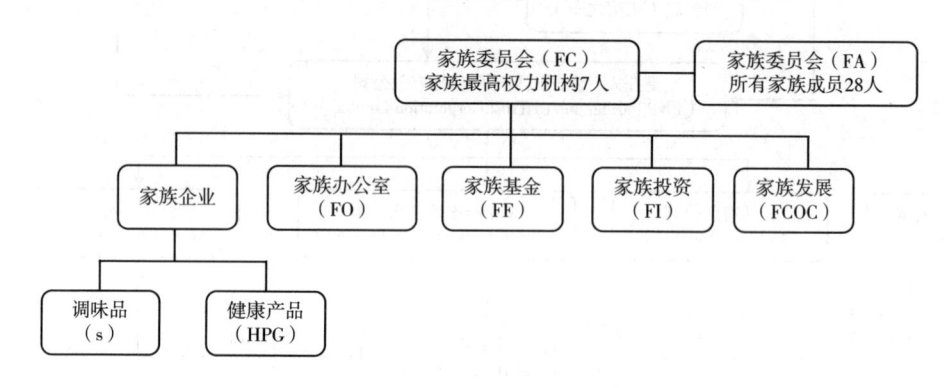

图2－2 香港李氏家族事业结构

### （二）家族企业治理

不同于一般企业以经济效益为导向及企业财产与个人财产相隔离、所有权与经营权相分离的特点，家族企业治理更强调家族对企业的介入和基于亲情的奉献，且家族企业资产具有特殊性，是经营权与管理权相结合下的企业治理。

经过数十年的创业和资产积累，目前正值家族第一代创始人向第二代接班人传承家族企业的时期，但家族企业在传承时却面临着不小的问题。首先，接班人缺少必要的历练，对企业的管理缺乏经验，兴趣和教育经历可能与合格的继任者不符，且接班人通常没有艰苦创业的经历，往往安于守成，缺乏父辈们开拓创新的精神；其次，由于家族的扩大和家族成员的增多，在家族企业传承时，企业的股份控制权、经营控制权和决策控制权无法避免地由三权合一趋向分散和稀释，家族对企业的控制力会由强变弱；最后，在企业控制人交接班时，新老团队的融合问题以及如何增强企业中非家族成员对企业的向心力成为不小的挑战。这些问题不解决，家族企业将无法实现顺利传承，家族企业的治理也就无从谈起。

家族信托的适用，可以很好地解决这些困扰。首先，家族信托通过将家族企业股权作为信托财产锁定在信托结构中，将家族成员与企业所有权相剥离，从而既保持了家族对家族企业控制权、决策权的完整性，又避免了不愿或不能胜任管理家族企业工作的家族成员对企业的不适当作为，并为日后的海外上市奠定基础；其次，家族信托可以建立期权激励计划，稳固和调整非家族成员管理层与家族成员（管理层）的关系。更重要的一点是，家族信托实现了家族成员与家族企业控制权、决策权的剥离，提高了企业管理层的可预期性和新老团队衔接、融合的稳定性。

例如，杨受成家族是香港英皇集团的控制人。杨受成家族是典型的以家族信托形式来控股上市公司，即家族创始人发起设立家族信托基金，委托在离岸地注册的离岸公司持有原家族成员手中的股份，从而实现对家族企业股权的长远把控。

为实现信托控股，杨受成设立全权信托（the albert yeung discretionary trust），受托人为 STC 国际有限公司（STC International Limited）；受托人通过该信托，控股杨受成产业控股有限公司、英皇钟表及其他若干上市公司，杨受成产业控股有限公司通过全资附属公司英皇集团（国际）控股有限公司持有上市公司英皇国际 74.83% 的股份，其家族信托结构如图 2-3 所示。

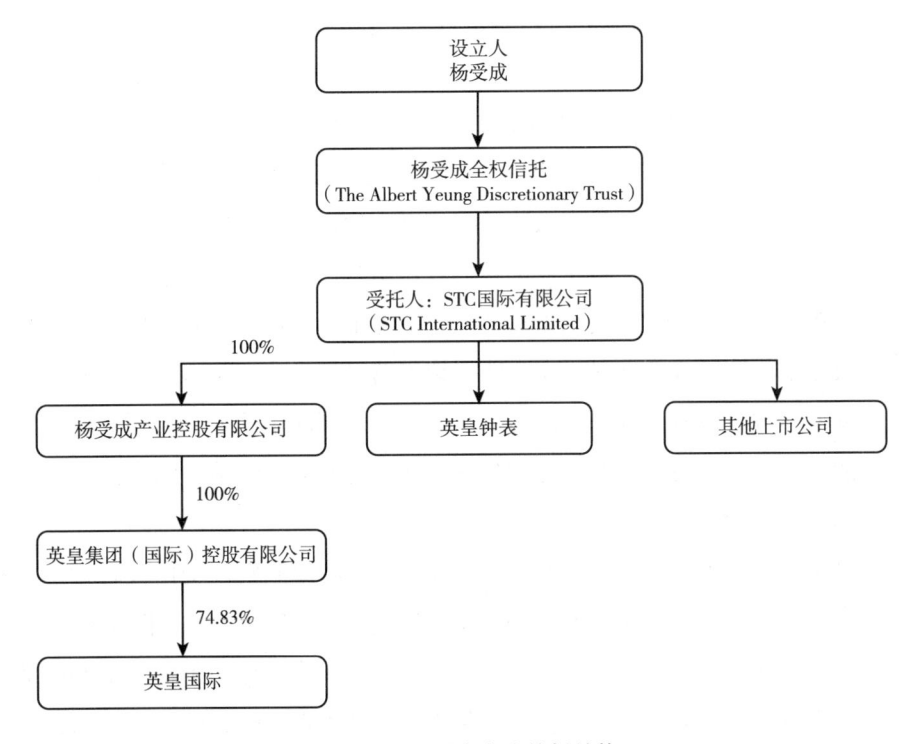

图 2-3　杨受成家族信托结构

## 三、财富传承功能

高净值人士对财富的有序传承有若干方面的要求，包括家族财产的传承、防止子女挥霍家产、抚养未成年子女、照顾和扶助特殊家族成员、传承家族企业等。家族信托的运用可以有效地满足高净值人士的上述需求。

### （一）能力不足

家族继承人能力不足是家族财富传承的过程中普遍出现的问题，家族的继承人往往可能因为年龄较小、经验不足等原因而不具备上一代家族领导人的能力，无法掌控巨额家族财产或管理家族企业。过早地将家族财产或家族企业交付至家族继承人，可能因为其能力不足导致家族遭受损失，但是太迟的安排又可能引发税务、内部纠纷争议等问题。信托在架构设计上可以实现控制权、收益权的巧妙配置，为规避家族继承人能力不足的风险以及培养新的家族继承人提供了一种新思路。

龙光地产这一家族企业便是一个比较典型的例子。2014年《福布斯》富豪榜中，纪凯婷通过多家公司和家族信托，持有龙光地产85 010股份，身家达13亿美元（约101亿港元），在榜中排第1284位，以年仅24岁的年龄，取代脸书（Facebook）另一创办人莫斯科维茨，成为榜上最年轻的富豪。

在家族继承人纪凯婷尚且年轻、不具备管理一家上市企业能力的情况下，作为家族企业的创始人与家族代表人物的纪海鹏先生，为保障家族企业的稳定与发展，通过家族信托的设计，将企业的控制权留给自己，将受益权给予纪凯婷。

纪海鹏在构建家族财富传承路径的同时，保证了家族企业管理的稳定性，并且可以根据纪凯婷的成长情况，在企业后续经营过程中决定纪凯婷是否参与家族企业的管控，暂时规避了继承人能力不足的风险。同时也使处于公司关键位置的纪凯婷能够学习和参与公司业务，准备在未来承担起公司继承人的责任。

### （二）挥霍避免

如果家族的继承人存在不良的消费习惯，直接将家族财产交由其自行支配并不合适。国际上有相当数量的财富家族选择通过在信托中设置"挥霍者条款"，由受托人根据受益人的实际需要支付款项。在受益人将资金用于不良嗜好的消费时，受托人可以停止或拒绝支付，以避免受益人的不良习惯或进一步恶化。

例如，一代歌后梅艳芳生前深知母亲不善理财，担心母亲会一次将遗产花尽，通过设立遗嘱信托，将近亿元财产委托给专业的机构打理，信托基金每月支付 7 万港元生活费给其母亲，一直持续到她去世。梅艳芳在遗嘱中特别指明，其母亲覃美金去世后，家族信托所有资产会扣除开支捐给妙境佛学会，如图 2-4 所示。

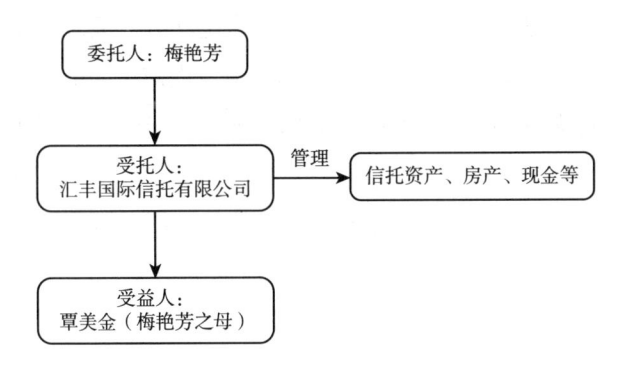

```
委托人：梅艳芳
    ↓
受托人：                管理      信托资产、房产、现金等
汇丰国际信托有限公司  ──────→
    ↓
受益人：
覃美金（梅艳芳之母）
```

图 2-4 梅艳芳家族信托结构

### （三）税收筹划

家族财产在持有、管理、处分、分配等环节都将涉及税务问题。家族（企业）持有房产可能涉及房产税，将房产进行出租或出售等经营管理或处分行为可能涉及增值税、契税、印花税、土地增值税。家族（企业）获得收益时涉及所得税，发生资产传承时可能涉及赠与税、遗产税等。对于资产数量巨大的家族而言，税务筹划尤为重要。

通过家族信托，家族可以对家族财产的持有架构进行灵活的跨区域配置，灵活运用地区性的税收优惠政策与地区之间的税务优惠政策，根据家族的实际需求，进行税务的结构优化。家族信托的税务筹划功能在欧洲受到高度的重视，由于欧洲各国之间有着各种双边的税收互惠条款，所以综合税收筹划可以为家族节省许多税收的成本。家族信托税收筹划的功能有两点具体的表现。

第一，永续存立的家族信托可以避免遗产税。委托人将财产设定信托可以利用信托财产的独立性避免遗产税；而通过设立永久存续的信托则可以妥善解决多代传承的税务问题。

第二，信托可以优化税务架构，实现合理避税。委托人将企业所有权转让给信托公司而只保留控制权，即有效避免了个人所得税等税负；通过搭建离岸信托架构可以有效规避来自企业营业地法域的税收征缴。

例如，中国香港地区庞鼎文所设立的家族信托即具有税收筹划的功能。1989

年12月，庞鼎文在马恩岛（Isle of Man）设立了五个单位信托，受益人是庞鼎文的夫人和七个子女，唯一受托人是庞鼎文在马恩岛设立的私人信托公司，该公司的董事同为庞鼎文的夫人和七个子女。通过一系列复杂交易，庞鼎文成功将巨额财产转入海外的信托计划中。

庞鼎文去世后，香港遗产署将庞鼎文家人告上法庭，要求其缴纳遗产税。庞鼎文家人不服，认为根据香港遗产税条例的规定，生前赠与的国外财产不属于遗产税课征范围，庞鼎文向其子女赠与的财产属于国外财产，因而不应缴纳遗产税。

该案于1998年6月18日在香港高等法院原诉法庭一审判决原告（庞鼎文家人）胜诉，1999年8月20日，上诉法庭裁判推翻一审判决，终审上诉法院于2000年7月12日裁决维持一审判决（见图2-5）。

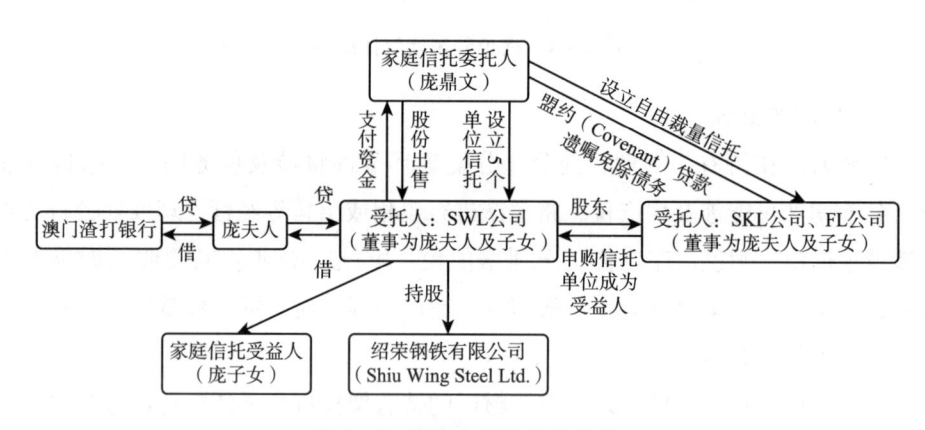

图2-5 庞鼎文家族信托结构

## 四、其他功能

家族信托作为单一的工具，在家族财产的保护、管理与传承中发挥了巨大的作用之余，也可以与其他的家族（企业）保护、管理与传承工具进行协同与配合，综合性地解决家族（企业）面临的各类困境以及障碍。

（一）保险匹配

保险是中国财富家族财富保护、管理与传承过程中最为常见的一种工具。保险制度是一项高度发展的金融制度，因为其权利保留、安全保障以及税务筹划的功能而被作为家族财产流转的有效工具。再加上保险公司经过多年的发展与市场探索，发展出种类繁多且满足各种侧重性诉求的标准化产品，是财富家族通过简单的选择决策便可以使用的工具，更使保险被广泛用于家族财产的保护、管理与传承。

投保人在进行投保之后成为保单持有人，保单本身具有现金价值，保单持有人可以按照保险政策要求退保而获得资金，所以保单属于一种资产。同时投保后保险公司将资金用于投资，会使得保单的现金价值有所增加，保险也可以被视为一种资产管理的路径。因此，在一些家族信托的设立与管理过程中，信托委托人经常有将保单置入信托或是通过信托资金为家族成员购买保险的情况。

更加值得关注的是，保险本身只能够进行简单的受益权安排，即预先在保单中设定受益人的受益份额，并无太多的设计空间，而通过把保单或保险的受益权置入信托，可以对保险收益进行二度的受益权安排，较大程度地扩展受益权的安排空间，以实现更加适合家族的受益安排。

### (二) 慈善规划

除了家族私益功能外，家族信托还有社会慈善的功能。目前，使用上市公司股权成立慈善信托的做法是家族信托的另一种发展模式。企业家捐赠其所持股权而成立的慈善信托，除发挥企业家回馈社会的慈善功能、有助于家族与企业树立良好形象外，还因为慈善信托名下的企业股权不得或不易转让或出售，对家族长期控制企业起到关键性的作用。

国内外的富豪家族和高净值人士在财富积累到一定阶段的时候，都开始从事慈善事业来回馈社会，相较于更为常见的捐款、捐物，慈善信托可以让家族和家族企业真正地介入慈善事业的运作和管理，能够更好地满足家族从事慈善事业的需求。

例如，著名实业家、慈善家邵逸夫先生早前成立了邵逸夫慈善信托基金（以下简称信托基金），受托人是在百慕大注册的私人信托公司逸夫信托（私人）有限公司 [Shaw Trustee (Private) Limited]，通过在瑙鲁注册的邵氏控股有限公司 (Shaw Holdings Inc.) 控制邵氏兄弟（香港）有限公司（已于2011年出售）、邵氏基金（香港）有限公司（以下简称邵氏基金）以及邵逸夫奖基金会有限公司（以下简称邵逸夫奖基金）等资产。信托基金的受益人是根据信托契约挑选的个人或组织，包括邵逸夫家人和一些慈善组织。邵逸夫慈善信托基金结构如图2-6所示。

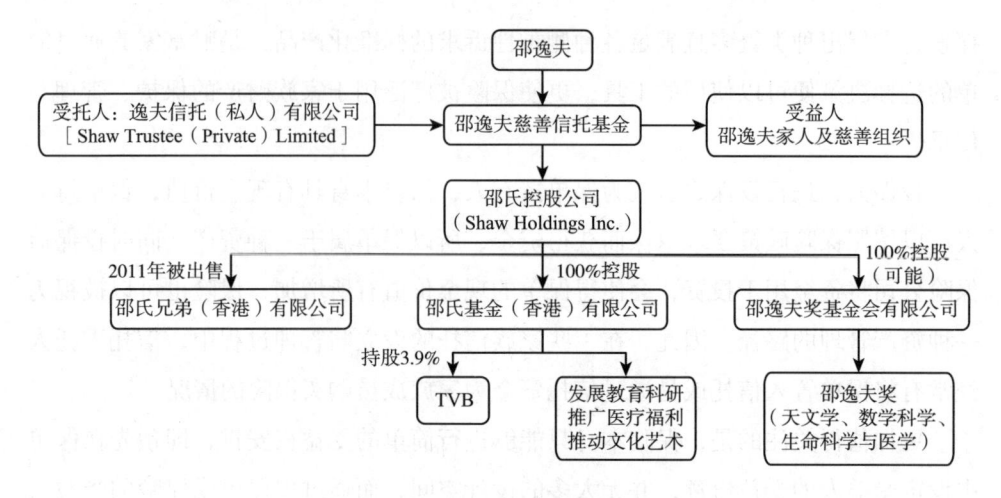

图 2-6　邵逸夫慈善信托基金结构

1973 年 6 月，邵逸夫先生成立邵氏基金，主要用于发展教育科研、推广医疗福利及推动文化艺术；2002 年 11 月成立邵逸夫奖基金，管理和执行"邵逸夫奖"，该奖分为天文学奖、生命科学与医学奖和数学科学奖，每项奖金 100 万美元，对在相关领域作出杰出贡献的人士给予奖励。截至 2012 年，邵逸夫先生 25 年共捐赠内地教育 47.5 亿元港币（人民币近 40 亿元），捐建项目总数超 6000 个，其中，80% 以上为教育项目，受惠学校千余所。

## 第三节　家族信托的种类

根据不同的标准，可以将家族信托划分为不同种类，但是在实践中，由于家族信托功能的多元化和信托产品的复杂化，不同种类的家族信托之间的界限也在趋于弱化。

### 一、按照是否在境内和境外设立划分

以信托的设立地是在国内还是在国外的不同，可以将家族信托区分为在岸家族信托和离岸家族信托。

#### （一）在岸家族信托

在岸（onshore）信托，又称境内信托、国内信托，是指设立在国内，信托

关系人及信托行为在国内进行的信托，例如，一个中国委托人在中国境内设立的家族信托，或者一个美国委托人在美国境内设立的家族信托，都可称为在岸信托、境内信托或国内信托，在岸家族信托一般适用当地的法律并由当地法院管辖。由于在岸信托的法律适用比较单一，因而在信托法律制度欠发达的地区，在岸家族信托的适用程度有限。

### （二）离岸家族信托

离岸（offshore）信托，又称境外信托、外国信托，是指设立在境外，信托关系人及信托行为一般在境外进行的信托。例如，一个英属维尔京群岛（BVI）家族信托对于一个美国或中国委托人来说就是一个离岸信托、境外信托或外国信托，英属维尔京群岛家族信托一般要适用当地的法律并由当地法院管辖。离岸家族信托的设立地点是家族信托众多要素中的首要因素，中国香港地区家族或者上市公司通过离岸公司设立家族信托的常用地点有开曼群岛、泽西岛、英属维尔京群岛等。

## 二、按照信托服务主体进行划分

依受托人对所受托的信托财产实施的是个别管理还是多重管理的不同，可以将家族信托区分为单一家族信托和多重家族信托。

### （一）单一家族信托

所谓单一家族信托，又称个别家族信托，是指受托人对所受托的不同委托人的信托财产分别、独立地予以管理或者处分的信托。单一家族信托是个别委托人和受托人双方就合同条款进行具体协商的结果，因为委托人不同，其设立家族信托的意愿也千差万别，所以单一家族信托的内容就绝对不会相同。由于管理成本的因素，在家族信托实务中，受托人可能会要求委托人交付的家族信托财产不得低于一定额度，或者无论其金额多少，要求委托人保证受托人的最低报酬。

### （二）多重家族信托

所谓多重家族信托，又称集团家族信托，是指受托人将所受托的众多委托人的家族信托财产集中成一个整体予以管理或者处分的信托。也就是说，多重家族信托实际上是委托人将众多的同一内容的单一家族信托合同予以集结，并将其视为一个信托进行统一管理，多重家族信托的主要特点是同时存在众多委托人和众多受益人，因为多重家族信托存在着众多受益人，而受托人却对信托财产享有管理权或者处分权，这就使受托人存在牺牲某些受益人的利益而为某特定的受益人谋取利益的可能性，因此，受托人对此应当履行对受益人的公平义务（duty to deal impartially with beneficiaries）。同时，在多重家族信托情形下的受益人保护，除了受托人自身要履行公平义务之外，还需要对自身内部结构加强治理，以维护家族信托的宗旨。

### 三、按照信托内容进行划分

依家族信托的主要内容是财产管理还是事务管理的不同，可以将家族信托区分为财产管理型家族信托和事务管理型家族信托。

#### （一）财产管理型家族信托

所谓财产管理型家族信托，是指以信托财产的管理为主要内容的家族信托，表现为委托人将信托财产交付给受托人，指令受托人为完成信托目的，从事财产管理的家族信托。例如，委托人以资金和不动产为信托财产设立家族信托，受托人通过对资金和不动产的管理和使用来保障信托财产的保值增值。事实上，财产的管理并非是由信托所独有，但是与其他法律制度相比，信托在实现财产的管理方面更具有自己的独特性，进而也显示出自己的优越性。第一，信托是一种集财产转移功能与财产管理功能于一身的制度安排；第二，信托适于长期规划，这与赠与、委托等法律制度不同；第三，信托的设立更为灵活方便、信托财产更富多样性，这与公司的设立、出资等法律制度不同。

#### （二）事务管理型家族信托

所谓事务管理型家族信托，是指以家族事务的管理为主要内容的家族信托，表现为委托人将信托财产交付给受托人，指令受托人为完成信托目的，从事事务管理的家族信托。事务管理型家族信托由委托人驱动，受托人一般不对信托财产进行主动的管理或者处分，例如股权代持等。作为事务管理类信托业务，主要是利用信托权益重构、名实分离、风险隔离、信托财产独立性等制度优势，为委托人提供信托事务管理服务并获得收益，具有个性化设计的特点。例如，委托人为自己的子女教育留有一笔资金，但是又不放心将该笔资金交由家族成员保管，于是委托人便以该笔资金设立家族信托，交由委托人保管并指定用于委托人的子女教育支出。

## 四、按照信托财产的对象划分

依具体信托财产的不同，可以将家族信托区分为以下多种家族信托。

### (一) 资金管理家族信托

资金管理家族信托，是一种以资金作为信托财产的家族信托，一般是以资金在一定时期内获取收益为信托目的，在资金管理家族信托中，委托人基于对受托人的信任，将自己合法拥有的资金委托给受托人，由受托人按委托人的意愿以自己的名义，为受益人的利益或者特定目的管理、运用和处分。例如，委托人以3000万美元设立家族信托，并要求资金的2/3只能投资于银行存款、政府债券、企业债券、优先股等低风险投资工具，另外1/3可以进行收益较高而风险较低或适中的投资，例如，高分红低估值的股票等，这就属于典型的资金管理家族信托。

### (二) 股权家族信托

股权家族信托，或称家族股权信托，是指以股权作为信托财产的家族信托，即委托人出于财富保护或传承的目的，将其所拥有的股权委托给受托人，由受托人按照委托人的意愿以自己的名义，为受益人（通常是家族成员）的利益进行管理或处分的行为。例如，委托人将家族企业股权委托给信托公司，由信托公司作为名义股东，根据股权信托具体目的的不同，可以要求仅由信托公司持有股权但不参与企业经营管理，当然也可以授权由信托公司参与企业的经营管理。

### (三) 不动产家族信托

不动产家族信托是指委托人将自己的不动产作为信托财产设立家族信托，由受托人为了受益人的利益或者特定目的，对作为不动产的信托财产加以管理、运用与处分。信托财产的管理方式由家族信托文件加以规定，包括但不限于出租、出售、维护等。例如，委托人为规避子女婚姻的风险，将自己的商品房作为信托财产并过户给受托人，从而设立家族信托。

### (四) 文物、艺术品家族信托

文物、艺术品家族信托，是指以文物、艺术品作为信托财产的家族信托，在广义上还包括委托人将其持有的资金委托给受托人，由受托人以自己的名义，按照委托人的意愿将该资金投资于文物、艺术品。例如，委托人喜好收藏，主要从事书画、瓷器、玉器、古籍、古钱币、雕塑、杂项等古玩收藏，为避免子孙后代对其藏品保护不当、挥霍、变卖、抵债等，委托人以其藏品设立家族信托，以使收藏事业可以延续。在文物、收藏品家族信托中，应当注意对交易价格、投资顾问、信托财产保管等方面风险的防范。

### （五）保险金家族信托

保险金信托，又称人寿保险信托，是指以保险金或者人寿保险单作为信托财产，由委托人（一般为投保人）和信托机构签订保险信托合同，当发生保险理赔或满期保险金给付时，保险公司将保险赔款或满期保险金交付于受托人（即信托机构），由受托人依信托合同约定的方式管理、运用信托财产，并于信托期间终止时将信托资产及运作收益交付信托受益人。保险金家族信托是保险和信托的有效结合，兼具保险的杠杆效应、财富保全功能与信托的风险防护、事务处理和资产管理功能。例如，一对夫妇在投保寿险时，担心其中一方身故时子女尚未成年，即使保险金受益人是其子女，也存在保险金被监护人挪用的风险，此时就可以采用保险金家族信托。具体而言，以保险金作为信托财产设立家族信托，并设置子女每个周期可以领取的生活费上限，从而既能保障子女的基本生活，又能防范子女挥霍财产或监护人挪用财产。此外，还可以设计更长的分配期限从而会涉及孙辈的收益分配，等子女成年或信托期满时再将剩余的金额转移至子女或孙辈的名下等。

## 五、按照信托是否可撤销划分

依信托文件中是否保留了委托人的撤销权，可以将家族信托区分为可撤销家族信托和不可撤销家族信托。

### （一）可撤销家族信托

所谓可撤销家族信托（revocable family trust），是指委托人在家族信托文件中保留了随时可以终止家族信托并取回信托财产的权利的家族信托。在这种信托中，委托人往往保留了变更家族信托条款以及随时增减信托财产的权利，因而极其富有弹性，这使得委托人可以随时调整家族信托关系以适应自己的需要。例如，在股权家族信托中，为防范家族企业控制权和管理权的旁落，委托人可以在信托文件中保留终止家族信托的权利，以防范风险。

### （二）不可撤销家族信托

所谓不可撤销家族信托（irrevocable family trust），是指除依照信托文件所记载的条款外，不得由委托人终止的家族信托。在这种信托中，委托人并没有变更家族信托文件的权力，虽然可以增加信托财产，但是不得减少信托财产。例如，委托人用一笔资金为自己的小女儿设立一项家族信托，目的在于保障小女儿的教育支出，为激励小女儿完成学业，信托文件可以规定在信托持续期间，委托人不得减少信托财产，也不得随意终止信托。

依照各国信托法通例，成立可撤销家族信托还是成立不可撤销家族信托，可以由当事人自由决定。但是，除非委托人在信托文件中明确保留了撤销权外，所成立的家族信托为不可撤销信托。

## 六、按照受托人分配信托权益的自由度划分

依设立信托时是否明确指定了受益人以及能否由受益人提起强制执行诉讼的不同，可以将家族信托分为强制分配型家族信托和任意分配型家族信托。

### （一）强制分配型家族信托

所谓强制分配型家族信托，又称强制执行家族信托、完全义务家族信托（perfect obligation family trust），是指在设立家族信托时明确指定了受益人并且能由受益人提起强制执行诉讼的家族信托。例如，委托人以1000万英镑设立家族信托，并明确指定将信托收入支付给其二女儿，那么，委托人的二女儿就享有确定的权益，即信托收入，并且有权提起强制执行诉讼。但是在公益信托中存有例外，即在公益信托中，一般是由有关主管机关代表受益人提起强制执行诉讼。

### （二）任意分配型家族信托

所谓任意分配型家族信托，又称非强制执行家族信托、不完全义务家族信托（imperfect obligation family trust），是指在设立家族信托时并没有明确的受益人以至于不能由受益人提起强制执行诉讼的家族信托。例如，委托人同样以1000万英镑设立家族信托，但是并没有指定明确的受益人，而是授权委托人按照自己认为合适的方式，将信托收入分配给委托人的子女、孙子女等。任意分配型家族信托的效力介于强制分配型信托与无效信托之间，即只要受托人愿意实施该种信托，法院也不会禁止，但是受托人却不得被强制去实施该种信托。

## 七、按照是否完全为公益目的划分

依信托目的的性质不同，可以将家族信托分为私益型家族信托和公益型家族

信托。

### (一) 私益型家族信托

私益型家族信托，是指以实现一般私人的利益为目的的家族信托，即委托人以实现自己（自益信托）或者第三人（他益信托）利益为目的而设立的家族信托。因此，私益信托一般都要预先指定具体的受益人。无论是我国还是其他国家的信托法本身并没有私益信托的概念，在信托法中，除非有特别规定，一般指的都是私益信托。例如，委托人设立一项家族信托，目的在于用家族信托基金为家族成员提供教育支持，这就是一项私益型家族信托，只是为了家族成员的利益。

### (二) 公益型家族信托

公益型家族信托，又称慈善型家族信托，是指为了公共利益而设立的家族信托，具体包括济贫、教育、医疗、环保、宗教以及其他公共利益。在普通法国家，法院一般不会轻易地因为信托目的不明确而使信托发生无效的法律后果，而是通过建立管理信托的计划来尽量使委托人的意图具有法律效力。另外，公益信托的设立还需要得到主管机关的认可。在家族财富的传承中，有三个元素必不可少：一是文化的凝聚；二是慈善的传统；三是信托管理。很多成功的家族企业都是"三条腿走路"，即家族的管理、企业的管理、爱的管理缺一不可。在家族信托设计中，委托人可以用一部分财产设立公益信托，或者将家族信托基金用于公益事业。

## 八、按照信托具体目的划分

现代家族信托有侧重于保全之趋势，有些家族信托的主要目的在于为特定的人提供保护、防止财产的减少等，至于财产是否增值，则并非十分重视，例如保护信托、抚养信托和禁止挥霍信托等。

### (一) 保护信托

保护信托（protective trust），是指委托人为保障不能管理自己财产的成年受益人及其家庭的生活而特意设立的一种禁止受益权转让或者受追索的信托。保护信托通常具有双重结构，即委托人设立一项信托，以特定成年人为受益人，受益人享有终身受益权，但是，一旦发生某些特定事件（如受益人破产或意图转让、处分其受益权，或者发生其他事件使第三人有权享有信托财产），则信托终止。与此同时，依照信托文件的规定，以剩余的信托财产另行成立一项自由裁量信托,以原受益人及其家属为受益人,由受托人自由裁量如何向他们分配信托收入以保障他们的生活。保护信托的主要目的和功能在于防止信托利益或者信托财产被他人追索,以免受益人丧失生活来源,主要适用于没有能力管理自己财产的成年人,特别是有浪费财产的习惯或者染上不良嗜好(如赌博、酗酒、吸毒等)的成年人。保护信托在英国《1925年受托人法》中得以确认,根据该法第33条的规定,委托人可以通过明示的语言直接设立保护信托;保护信托的实施除了适用信托文件的规定,还可以直接适用该法关于保护信托的规定。

### (二)抚养信托和禁止挥霍信托

实际上,美国的抚养信托(support trust)和禁止挥霍信托(spendthrifi trust)与英国的保护信托类似。在美国,父母为自己的子女设立专门的信托是一种非常普遍的现象,而他们设立信托的主要目的未必在于信托财产的增值,而可能在于对信托财产的保护、对子女的抚养和教育等。所谓抚养信托,是指基于受益权的性质本身,而限制其转让,以保护受益人的教育、生活、抚养为目的;而禁止挥霍信托,是指基于委托人的意思,在信托条款中限制受益人受益权的转让,以保障受益人的生活供给无匮乏为目的。例如,委托人经过多年打拼积累了一笔可观的财富,但是委托人的独生子却未受过良好的教育,因工作、婚姻均不顺利,结果嗜酒成性,谋生能力有限。委托人担心将自己的财产直接交给他的儿子会很快被挥霍一空,而其孙子女尚未成年,于是便设立了以其儿子和孙子女为受益人的家族信托,受托人负责为委托人的儿子、孙子女提供生活资助和教育支持,等其孙子女全部成年时,将剩余信托财产分配给其孙子女,这就是典型的抚养信托或禁止挥霍信托。此外,日本的特定赠与信托(特别障碍者扶养信托)强调的也是信托的保全功能,而不在于信托的增值功能,与上述信托制度类似。

# 第三章　家族信托的设立

信托的设立是信托关系的开始，是指依照法律的规定，在信托当事人之间形成有效的信托关系。因此，本章关于信托设立的分析，其实是讲如何创设一项在法律上有效的信托，即信托的生效要件是什么。信托在法律上应当具有四个构成要素，分别是信托当事人、信托财产、信托行为和信托目的，相应地，只有上述四个要素均符合法律的相关规定时，才能使信托关系有效成立，任何一个要素如果未能满足法律的要求，信托就有可能成为无效信托或可撤销的信托。因此，信托的生效要件也有四个：一是信托当事人生效要件；二是信托财产生效要件；三是信托行为生效要件；四是信托目的生效要件。

应当指出，我国《信托法》中专门规定了"信托的设立"，但是，由于信托行为属于民事法律行为，《信托法》属于民事特别法，因此，该章仅对信托生效的特殊条件做了规定，对于民事法律行为共有的生效条件并没有作出具体规定的，仍然适用民法的有关规定。

## 第一节　信托当事人的主体资格

设立信托必须有合格的当事人，即信托当事人应当具备法律规定的主体资格，包括民事权利能力和民事行为能力。根据我国《信托法》第3条的规定，信托当事人包括委托人、受托人和受益人，因此，只有委托人、受托人和受益人均具备法律规定的主体资格，才能设立有效的信托。

## 一、委托人的主体资格

1. 原则规定：具有完全民事行为能力

委托人是将其财产权委托给受托人从而设立信托的人。我国《信托法》第19条规定了委托人的资格与范围，该条规定："委托人应当是具有完全民事行为能力的自然人、法人或者依法成立的其他组织。"该条对委托人实际上规定了两个方面的内容：其一，委托人的主体资格，即委托人必须具有完全的民事行为能力；其二，委托人的范围，包括自然人、法人或依法成立的其他组织。根据我国《民法通则》的规定，民事行为能力是民事主体通过自己的行为取得民事权利或者设定民事义务的能力。只有具备民事行为能力的人，才能通过自己的行为取得具体的民事权利或者设定具体的民事义务。因此，无论是自然人还是法人或者其他组织要设立信托，都必须取得民事行为能力。

（1）自然人。根据我国《民法通则》（2017年）的规定，自然人的民事行为能力分为三种。一是完全民事行为能力。18周岁以上的自然人为成年人。成年人为完全民事行为能力人，可以独立实施民事法律行为。16周岁以上的未成年人，以自己的劳动收入为主要生活来源的，视为完全民事行为能力人。二是限制民事行为能力。8周岁以上的未成年人为限制民事行为能力人，实施民事法律行为由其法定代理人代理或者经其法定代理人同意、追认，但是可以独立实施纯获利益的民事法律行为或者与其年龄、智力相适应的民事法律行为。三是无民事行为能力。不满8周岁的未成年人为无民事行为能力人，不能辨认自己行为的成年人为无民事行为能力人，由其法定代理人代理实施民事法律行为。

根据我国《信托法》的规定，上述三种民事行为能力中，只有具有完全民事行为能力的自然人，即18周岁以上的公民和能以自己的劳动收入为主要生活来源的16周岁以上不满18周岁的公民，才能够作为委托人设立信托，限制民事行为能力人和无民事行为能力人本人不具有信托委托人的资格，如果要设立信托，必须通过其法定代理人代理进行。

（2）法人。按照我国《民法通则》的有关规定，法人的民事行为能力从法人成立时产生，到法人终止时消灭。因此，法人在其存续期间，具有完全民事行为能力。但法人的民事行为能力的范围取决于其民事权利能力的范围，法人只有在其民事权利能力范围内才享有完全民事行为能力，对于超出其民事权利能力范围的民事活动，法人没有民事行为能力。在实际情形中，法人的民事权利能力是由法律和依法确定的章程规定的，因此，法人只有在依法律规定和依章程确定的业务范围内，才能作为信托的委托人。如果法律和其章程对法人设立信托的行为进行了禁止，则法人不得作为信托的委托人；如果法律和其章程对其设立信托的行为进行了限制，则必须符合解除该限制的条件后，法人才能作为信托的委托人。

（3）依法成立的其他组织。在现实生活中，除自然人、法人以外，还存在许多依法成立的非法人组织，它们虽然不具有法人资格，但只要在法律、章程或者相关协议允许的活动范围内依法享有完全民事行为能力，也可以作为信托的委托人。例如，依法登记领取营业执照的私营独资企业、合伙企业、中外合作经营企业等，经民政部门核准登记领取社会团体登记证的社会团体、法人依法设立并领取营业执照的分支机构以及经核准登记领取营业执照的乡镇、街道、村办企业等。

2. 特定信托的委托人资格

对于某些特定类型信托的委托人，除了要满足《信托法》规定的主体能进行民事活动，只能由其法定代理人代理。

根据我国《信托法》的规定，上述三种民事行为能力中，只有具有完全民事行为能力的自然人，即18周岁以上的公民和能以自己的劳动收入为主要生活来源的16周岁以上不满18周岁的公民，才能够作为委托人设立信托，限制民事行为能力人和无民事行为能力人本人不具有信托委托人的资格，如果要设立信托，必须通过其法定代理人代理进行。

3. 外国人作为委托人的资格问题

## 专题讨论

### 外国人可以作为信托的委托人吗

我国《信托法》对于外国人是否可以作为委托人的问题没有明确的规定，也没有明确的限制。因此，有学者认为，只要是具有完全民事行为能力的人，不论是中国人还是外国人，都享有成为委托人的权利。从《信托法》第19条的规定来看，我国《信托法》对委托人的规定没有区分外国人和中国人，因此，应该理解为，外国人只要符合《信托法》第19条的规定，均可以作为委托人设立信托。但这里需要注意的问题是：判断外国人的行为能力的法律适用问题，即根据哪个国家的法律来判断外国人的行为能力。

我国《民法通则》第143条仅规定了中国公民定居国外时的民事行为能力的法律适用。该条规定："中华人民共和国公民定居国外的，他的民事行为能力可以适用定居国法律。"最高人民法院在《关于贯彻执行〈中华人民共和国民法通则〉若干问题的意见（试行）》第180条规定："外国人在我国领域内进行民事活动，如依其本国法律为无民事行为能力，而依我国法律为有民事行为能力，应当认定为有民事行为能力。"第18条规定，无国籍人的民事行为能力，一般适用其定居国法律；如未定居的，适用其依据地国法律。最高人民法院的解释表明，在自然人行为能力方面，我国采用的是行为地法和居住地优先的原则。2010年10月28日通过并于2011年4月1日开始施行的《中华人民共和国涉外民事关系法律适用法》大体上采用了最高人民法院在司法解释中的立场，该法第12条规定："自然人的民事行为能力，适用经常居所地法律。自然人从事民事活动，依照经常居所地法律为无民事行为能力，依照行为地法律为有民事行为能力的，适用行为地法律，但涉及婚姻家庭、继承的除外。"这意味着，就自然人而言，外国人在中国是否具有信托委托人的资格，将依适用中国法律，如同中国自然人一样。

对于外国法人的行为能力问题，《民法通则》没有规定，最高人民法院在《关于贯彻执行〈中华人民共和国民法通则〉若干问题的意见（试行）》第184条规定："外国法人以其注册登记地国家的法律为其本国法，法人的民事行为能力依其本国法确定"，但同时规定："外国法人在我国领域内进行的民事活动，必须符合我国法律的规定。"这表明，外国法人是否具有民事行为能力，依其本国法规定，同时，也须满足我国法律对法人行为能力的相关要求。《涉外民事关系法律适用法》第14条也规定："法人及其分支机构的民事权利能力、民事行为能力、组织机构、股东权利义务等事项，适用登记地法律。法人的主营业地与登记地不一致的，可以适用主营业地法律。法人的经常居所地，为其主营业地。"从该法的规定来看，外国法人的行为能力由其属人法规定。原则上，只要依据其属人法，外国法人具有完全的民事行为能力，它即可以在中国成为信托关系中的委托人，但外国法人在中国以委托人身份设立信托，须遵守中国各项法律包括《信托法》在内的规定。

## 二、受托人的主体资格

受托人在信托关系中占有重要的地位，它是接受委托人的委托，按照信托文件对信托财产进行管理、运用、处分的人，对信托财产的安全与收益负有直接的责任，因此，须具有一定的受托能力，必须具备一定的资格。

原则规定：具有完全民事行为能力。

《信托法》第24条第1款规定："受托人应当是具有完全民事行为能力的自然人、法人。"该条规定是对受托人资格的一个基本规定，它规定了以下内容。

受托人必须具有完全的民事行为能力。在信托活动中，受托人必须以自己的名义，为受益人的利益或者特定目的，对信托财产进行管理或者处分。因此，必须是符合我国《民法通则》规定的具有完全民事行为能力的人，才能够担任受托人。不得在其名称中使用"信托公司"字样，法律法规另有规定的除外。从该条规定和中国实践来看，中国目前主要的信托营业机构是信托公司，但有些机构，例如证券投资基金管理公司经营证券投资基金业务，虽然没有明确表明为信托业务，但实际上证券投资基金采取的是信托结构，证券投资基金管理公司经营的是信托业务，但它经营的是特定类型的信托业务，并不能从事一般性的和其他类型的信托业务。从经营一般型信托业务的受托人主体资格来看，受托人必须是经中国银保监会批准设立和开展业务的信托公司。

通常，信托公司具有从事营业信托的主体资格，但对于从事特定类型营业信托业务，有关法规通常还有特定的资格要求。

## 三、受益人主体资格

从信托设立的角度来看，信托仅因委托人与受托人之间的民事法律行为而设立，不需要受益人作出意思表示或为一定的法律行为。但是，信托本身是为受益人的利益或特定目的而管理和处分财产的行为，受益人对受托人享有给付信托利益的请求权，除法律另有规定外（如目的信托写公益信托），没有受益人的信托是无效的信托。因此，受益人是信托不可缺少的当事人之一，也是信托有效设立的要件之一。

1. 受益人的主体资格

我国《信托法》第43条第1款规定："受益人是在信托中享有信托受益权的

人。受益人可以是自然人、法人或者依法成立的其他组织。"

受益人是由委托人在设立信托时在信托文件中确定的，在信托关系中是享受利益的人。信托的设立，不需要受益人的积极行为，因此，《信托法》中对受益人的民事行为能力没有要求，只要具有民事权利能力，就具有成为受益人的主体资格。在我国，对于自然人和法人是否具有民事权利能力的确定，不是很复杂，根据《民法通则》的有关规定，自然人的民事权利能力始于出生，终于死亡，换言之，自然人在其生存期间，均具有民事权利能力；法人和其他依法成立的组织，其民事权利能力始于该组织依法成立，终于该组织依法终止之时，换言之，法人或其他组织在其依法存续期间，均具有民事权利能力。

关于外国人作为受益人的主体资格问题，我国《信托法》并没有明确规定，《信托法》中对于受益人的国籍也并无限制性规定。因此，原则上，外国人可以成为受益人。但在具体情形中，外国人是否可以作为受益人，要根据各个方面的情况进行综合判断，例如，法律对外国人取得某些类型的财产有限制，则外国人不得成为以这些类型的财产为信托财产的受益人。

2. 受益人的资格限制

如上所述，原则上，受益人只要具有民事权利能力，即可根据信托文件的约定而成为受益人，不需要额外的要件。但是，根据《信托法》及其他法律法规的规定，对受益人的资格也存在两种限制。

（1）受托人不得成为同一信托的唯一受益人。关于委托人是否可以成为受益人问题，我国《信托法》第43条第2款规定："委托人可以是受益人，也可以是同一信托的唯一受益人。"这意味着，在我国委托人既可以以他人为受益人，设立他益信托，也可以以自己为受益人，设立自益信托。但是，对于受托人能否成为受益人的问题，《信托法》作出了不同的规定。《信托法》第43条第3款规定："受托人可以是受益人，但不得是同一信托的唯一受益人。"据此，受托人可以成为同一信托多数受益人之一，但不得成为同一信托的唯一受益人。在受托人为唯一受益人的信托中，信托财产的权利与利益均归于受托人一人，实质是委托人将财产赠与或者转让给受托人，此时，既不符合信托的法律结构，也没有必要通过信托实现委托人的目的，属于"假信托"，因此，不得成立信托。

（2）法律禁止取得特定财产利益的人，不能通过信托取得该利益。在法律法规对某些类型的人取得特定财产利益有限制的情况下，则该类人不能成为以该财产或财产利益为信托财产的受益人,否则,相关法律的限制就会通过信托被规避。对于受益人资格的特别限制,一些国家的信托法作出了明确的规定。例如在美国,任何为法律承诺能够对特定财产享有所有权并成为权利人的合法实体,包括自然人、法人或者其他合法实体,均可成为私益信托的受益人。换言之,依法不能对特定财产享有所有权的人,不能通过成为信托受益人而享有该财产的信托利益。韩国《信托法》第6条也规定,依照规定不能享受一定财产权的人,不能作为受益人而获得其权利和享受相同的利益。该规定从否定的角度规定了受益人的条件。我国《信托法》虽然没有明确规定受益人的条件,但从第5条关于信托活动应当遵守法律、行政法规的规定来看,受益人也受其他法律法规上对受益人资格的限制。

3. 受益人的确定性

设立信托,不仅要有受益人,而且受益人或者受益人范围必须能够加以确定。根据我国《信托法》第11条的有关规定,受益人或者受益人范围不能确定的信托,属于无效信托。例如,某人立信托,规定受益人是"我的后辈",由于"后辈"的范围在法律上没有界定,所以操作上无法确定,该信托不能有效成立。又如,某人设立信托,规定受益人是"所有帮助过我的人",同样,帮助的内涵和外延无法确定,也不能设立有效的信托。

## 专题讨论

### 如何理解受益人"确定性"

受益人是否在信托设立的当时就应存在,还是只要在信托存续期间能够加以确定即可?

在遗嘱信托中,委托人为了实现特定的目的,通常会以信托设立时尚未出生的人如"我的孙辈"为受益人。我国《民法通则》第9条规定:"公民从出生时起到死亡时止,具有民事权利能力,依法享有民事权利,承担民事义务。"据此,信托设立时尚未出生的人,不具有民事权利能力,缺乏成为受益人的主体资格。但从信托的本质来看,信托财产及其利益在未分配给受益人之前,在法律上的权利主体是受托人,信托设立时以未出生的人为受益人,并不存在信托财产以及信托利益权利主体缺位的问题,而且更加符合委托人的特定信托目的,因此,国外信托法均允许为未出生的人设立信托。我国《信托法》对此没有明确的规定,但从信托设立的受益人要件规定来看,也没有要求信托设立时受益人必须现时存在，只要求受益人或者受益人范围能够加以确定即可。据此，应该理解为可以以未出生的人为受益人设立信托，在信托存续期间，只要该受益人出生，受益人就能加以确定，即可依据信托文件享受信托利益。当然，如果将来受益人已经确定不能出生，则可以确认信托无效，信托财产应当返还给委托人，如果委托人已经死亡，信托财产应该返还给委托人的法定继承人。

需要注意的是，为设立时尚不存在而将来可以确定的受益人设立的信托，在委托人死亡后、受益人确定前，对受托人违反职责处理信托事务就会缺乏监督之人。为解决这一问题，日本、韩国《信托法》特别规定了"信托管理人"制度，要求设立此类信托时，应当设置"信托管理人"，代表受益人监督受托人履行职责。我国《信托法》没有规定类似制度，这是今后需要加以完善的地方。实践中，委托人设立此类信托时，可以按照"意思自治"原则，在信托文件中设置类似"信托管理人"的角色，以弥补受益人缺位的不足。

---

4. 受益人要件的例外

从我国《信托法》的规定来看，受益人要件并不是绝对的，主要适用于"私益信托"，即为了特定人的利益而设立的信托。由于信托的灵活性，许多情况下，委托人设立信托的目的并不是为了特定人的利益，而是为了"特定的目的"。我国《信托法》第2条在对信托进行定义时，明确规定信托可以为受益人的利益而设立，也可以为特定目的而设立。这类特定目的信托，并不存在特定的受益人，因而其设立无须满足"受益人要件"。从实践来看，为"特定目的而设立的信托"主要包括目的信托和公益信托。

（1）目的信托。"目的信托"是非以人类为受益对象的特定目的而设立的信托。例如某人设立信托，目的是委托受托人以信托财产照看其宠物（猫、狗等）；又如某人设立信托，要求受托人以信托财产照看、维护、修缮家族墓地。这类信托，既无特定人从中受益，社会也没有从中受益，仅仅是为了实现委托人的特定目的，只要该目的不违反法律规定，虽然没有可以确定的受益人，也可以成立有效的信托。从我国《信托法》第2条关于信托定义的规定来看，并不禁止设立此类"目的信托"，但是，由于此类信托没有受益人，在委托人死亡后，对于受托人违反职责时，与以设立时尚不存在而将来可以确定受益人的信托一样，也会存在缺乏监督人的问题。对此，除了需要进一步完善我国《信托法》的相关规定外，实践中，同样可以在信托文件中设置类似"信托管理人"的角色，以代表受益人监督受托人履行职责。

（2）公益信托。公益信托是为了公共利益目的而设立的信托。根据《信托法》第60条的规定，公益信托的公共利益目的有：救济贫困；救助灾民；扶助残疾人；发展教育、科技、文化、艺术、体育事业；发展医疗卫生事业；发展环境保护事业，维护生态环境；发展其他社会公益事业。

公益信托的本质是让整个社会受益，因此，受益人不特定恰恰是其设立的基本要件之一。公益信托设立时，如果受益人或者受益人范围已经确定，就会失去公益信托的本质。当然，公益信托实施的结果，也会使具体的人受益，如符合公益目的的灾民、残疾人等，但这是公益信托实施的反射效果，这些具体的人本身并不是法律上的公益信托的受益人。由于公益信托没有特定的受益人，为了监督受托人，我国《信托法》特别规定了"公益信托监察人"制度，由其代表受益人监督受托人履行职责。

## 第二节　信托财产的生效要件

根据我国《信托法》第14条的规定，信托财产包括受托人因两种方式所取得的财产：一是受信托人因承诺信托而取得的财产；二是受托人因信托财产的管理运用、处分或者其他情形而取得的财产。前者是指信托设立时受托人取得的信托财产，即原始信托财产；后者是信托存续过程中受托人基于与信托相关的行为而取得的财产。从信托的设立与生效角度来看，信托财产主要是指原始信托财产。各国对于原始信托财产都有明确的法律上的要求，只有符合一定条件的财产才能成为信托财产。根据我国《信托法》的相关规定，一项财产要成为信托财产，必须具备四个要件，即信托财产的合法性、信托财产的权利性、信托财产的流通性和信托财产的确定性。委托人以非法的财产、不具有权利外观的财产、依法禁止流通的财产和不能确定的财产设立信托，将属于无效信托。

### 一、信托财产的合法性

信托财产的合法性是指用以设立信托的财产，必须是委托人合法所有的财产

（包括合法的财产权利）。我国《信托法》第 7 条对此作出了明确的规定。《信托法》第 11 条进一步规定，委托人以非法财产设立信托，信托无效。

1. 可以设立信托的财产范围

我国《信托法》第 7 条明确规定，可以设立信托的财产包括委托人合法所有的财产及合法的财产权利。该规定是概括性的规定，并没有具体规定可以设立信托的财产种类和范围。《信托公司管理办法》第 16 条从营业信托的角度规定了信托公司可以接受的信托财产范围为资金、动产、不动产、有价证券、其他财产或财产权五大类。日本《信托业法》第 4 条规定也作了类似规定：信托公司承诺信托的财产限于金钱、有价证券、金钱债权、动产、土地及其固定物、地上权及土地的租借权。从法律上理解，我国《信托法》规定的可以设立信托的财产应该是可以作为所有权标的的财产，即动产和不动产，资金应当包括在动产的范围内，可以设立信托的财产权利应该是依法具有财产利益的权利，包括他物权、股权、债权、知识产权、有价证券、票据权利乃至信托受益权本身等。因此，从法律上讲，任何财产及财产权利，无论它所采取的存在形式如何，只要可以用金钱计算价值且具有法律上的财产利益，原则上均可以作为信托财产，用于设立信托，但对于特定身份享有的人身权，不能作为信托财产。据此，能作为信托财产的种类可以是金钱、不动产、动产、有价证券、知识产权、股权、信托受益权、包括各种用益物权和担保物权在内的他物权以及一切以金钱为给付内容的债权等。

2. 财产的"合法所有"

在信托关系中，委托人对信托财产的权利须由委托人转移给受托人，受托人因而成为信托财产名义上的权利人。从设立信托将导致信托财产权利转移这个意义上说，在信托关系中，委托人只能将其合法拥有财产权的财产设立信托。但是，《信托法》第 7 条却采用了"合法所有"的概念，规定得比较模糊，没有明确的界定。

### 专题讨论

**如何理解"设立信托的财产是委托人合法所有的财产"**

在实践中，对于何为"合法所有"存在着不同的理解。从狭义理解，即"合法所有"应当是指依法享有所有权的财产，但所有权在我国民法属于"物权"的范畴，其标的仅限于能够成为所有权客体的"物"，包括动产和不动产。

而如前所述，我国《信托法》规定的、可以设立信托的财产不仅指所有权的客体，还包括委托人合法拥有的财产权利，"财产权利"的范围远远大于"所有权"，包括了依法具有财产利益的所有权利，因此，仅从所有权角度理解"合法所有"并不符合《信托法》的规定，应当对"合法所有"作广义理解，即"合法拥有"的财产及财产权利。从这个意义上看，只要是委托人合法拥有的财产及财产权利，不管其拥有的是"所有权"还是"其他财产权利"，都可以用以设立信托。

从设立信托的意义上讲，委托人对财产的"合法所有"包括两个方面的含义：一是委托人取得该财产的权利方式是合法的，以非法手段获得财产的占有，例如，以盗窃、抢劫等方式取得的财产，不属于合法所有的范围，实际上，以非法方式获得的对财产的占有与支配，并不能使持有人获得财产的权利。我国《民法通则》第72条规定，"财产所有权的取得，不得违反法律规定"，即是此意。二是委托人对依法拥有权利的财产应当具有占有与支配权，即处于委托人实际控制之下。设立信托的财产不仅必须为委托人合法所有，而且，委托人对财产必须具有占有与支配权，否则，委托人无法将该财产的权利转移给受托人，从而也无法设立有效的信托。

3. 作为代理人的委托人问题

虽然我国《信托法》规定用于设立信托的财产必须是委托人合法所有的财产，但在实践中出现了代理人作为委托人设立信托的问题。如果代理人是以被代理人的名义设立信托，信托的委托人是被代理人本人，根据我国《民法通则》的规定，应当合法有效。但实践中，经常出现以代理人自己的名义，即以代理人为委托人，代表被代理人与受托人设立信托的情形。例如，信托公司大量经营的银信理财合作业务，就是银行统一代表其理财产品的客户，以其理财产品汇集的资金作为信托资金，与信托公司设立单一资金信托或参与信托公司的集合资金信托计划。在这类信托中，银行与其理财产品客户之间形成的委托代理关系，根据相关理财协议，银行有权以自己的名义对外代表客户管理、处分理财资金，包括进行信托产品的投资。在这类信托中，信托资金为银行通过发行理财产品计划募集的客户代理资金，并非银行的自有资金，不属于银行所有，在形式上，银行作为代理人以委托人身份与受托人设立信托，并不符合《信托法》关于设立信托的财产必须是委托人合法所有的规定,但是,根据我国《合同法》关于委托合同的相关规定,以代理关系为基础的委托合同关系中,当事人可以约定以代理人名义处理代理事务。因此,在诸如银信理财合作这类的信托业务中,如果代理人作为信托委托人的身份、以代理财产设立信托,是依据代理合同授权的,在实质上不应认为不符合《信托法》关于"委托人合法所有"的规定,因为作为代理人的委托人,其设立信托的行为在法律上等同于被代理人的行为,只要被代理人委托代理人设立信托的财产属于被代理人合法所有,即符合《信托法》关于信托财产合法性的要求。

## 二、信托财产的权利性

所谓信托财产的权利性,是指委托人用以设立信托的财产必须在法律具有独立的权利形态或者权利外观。《信托法》本身并没有明确规定这一点,但信托财产权利性要件是由信托的本质决定的。信托的本质有两点:一是信托在实质上是要赋予受益人以单纯的财产利益,如设立信托的财产不是一项权利,而是一种义务或者责任,信托目的便不能实现;二是信托在形式上需要委托人将设立信托的财产转移到受托人名下,如果设立信托的财产不具有独立的权利形态或者权利外观,该财产便无法进行转移,信托也无从设立。因此,信托财产的权利性包含两个方面的要求:一是信托财产应当表现为法律上的权利;二是信托财产应当具有法律上的独立权利形态。

1. 信托财产应当表现为法律上的权利

从财务角度来看,财产可以分为积极财产和消极财产。积极财产是能带来积极利益的财产,如作为所有权标的的动产和不动产等;消极财产则是发生消极负担的财产,如各种形式的债务。由于委托人设立信托的目的是通过受托人管理运用、处分信托财产,使受益人获得信托利益,因此,信托财产在性质上应当依法能够产生积极的财产利益,即仅限于积极财产,消极财产不能作为信托财产设立信托。从法律来看,积极财产应当表现为法律上的权利,因为一项财产只有表现法律上的权利,才能产生积极的财产利益;而消极财产则是体现为法律上的义务,因为只有法律上的义务,才不会带来积极的利益,反而产生消极的负担。因此,从法律的角度来说,只有表现为法律上权利的财产才能作为信托财产设立信托,表现为单纯债务等法律上义务的财产不能设立信托。

应当指出的是：

（1）一项积极财产如果伴有附随的法律义务，只要该财产的价值大于附随义务的价值，并不妨碍以该财产设立信托。例如，所有权人可以以其设有抵押和质押的财产设立信托，只不过受益权的实现要受到该项负担的限制，抵押权人或质权人可以不因信托的设立对信托财产依法直接行使抵押权或者质权。又如，享有用益物权的人，也负有依照约定向所有权人支付使用费或者其他费用的义务，但并不因该项义务的存在而影响用益物权人依照该用益物权设立信托。

（2）委托人用以设立信托的财产如果是一项"概括财产"，即既包含了积极财产，也包含了消极财产，能否设立信托，应当视两类财产价值大小而定。如果积极财产价值大于消极财产，依法理应当能设立信托；反之，如果消极财产价值大于积极财产，则不宜成立信托。

2. 信托财产应当具有法律上的独立权利形态

现实生活中，人们并不严格地从法律意义上使用"财产权"的概念，而通常是将某种具有经济价值的东西或者现象都称为"财产权"。实践中，大致在三种情况下使用"财产权"的概念。

第一种情况是严格法律意义上的财产权。例如所有权、他物权、债权、知识产权、股权、信托受益权等。这些都是法律确认的具有独立权利形态的财产权，财产权人可以依法占有、使用、收益和处分。法律意义上独立的财产权起码应当具有下列特征之一：或者有具体明确的标的，如所有权的标的是动产和不动产；或者有确定的权利内容，如债权的内容就是请求债务人履行债务；或者具有表彰权利的凭证，如表彰债权的债权文书、表彰股权的股票或者出资证明书、表彰不动产所有权的不动产权证、表彰抵押权的它项权利证书、表彰专利权的专利证书等。

第二种情况是将某种能够产生经济价值的资格称为"财产权"。最典型的是企业经营权。经营权是指市场主体依法享有对企业支配其人力、物力与财力，从而从事市场行为和经营活动的权利。显然，经营权具有经济价值，但它本身不是法律上独立的财产权，没有财产权所指向的特定的标的和内容，本质上乃是一种经营资格，通过该资格，企业可以组织经营活动，并通过经营活动产生具体的财产权，也可以产生具体的财产义务，例如债务。

第三种情况是将法律上财产权的具体权能称为"财产权"。最典型的是资产收益。从财务角度来看，法律上财产权标的被称为"资产"，依法享有财产权的资产，均具有收益的权能，即财产权人有权获取该资产的收益。例如，所有权人可以获取所有物的收益、股东可以享有股权产生的红利等。但是，除非法律特别赋予该项收益可以成为一项独立的权利，例如《物权法》规定的"用益物权"，否则，享有特定资产收益的权利，只能是该资产对应财产权的一项权能，与该财产权不能分离，本身不能成为法律上的独立权利。

## 专题讨论

**委托人能够以不具有法律上独立权利形态的"财产权"设立信托吗**

从设立信托角度来看，委托人只能将具有独立权利形态的财产设立信托，不能用资格类所谓的"权利"或者某一财产权的具体权能设立信托。首先，资格类权利因没有特定、具体的标的或内容而无法转移给受托人，具体权能也会因为没有表彰权利的凭证而无法转移给受托人；其次，以资格类权利或者具体权能设立信托，也无法产生信托财产独立性的法律效果。资格类权利因没有范围和边界，无从识别信托财产，而具体权能因附属于对应的财产权，不能发生独立性的效果。例如，委托人将附属于股权的收益权能设立信托，因股权本身没有转移给受托人，委托人无法以将该股权收益权能设立信托为由，而对抗其债权人对股权的强制执行主张，一旦股权被强制执行，附属于股权的收益权能自然包含在内，该信托便会因为信托财产不具有独立性而使信托无法实施。

3. 几类特殊信托的法律分析

在美国存在所谓"表决权信托"，表决权能否成为信托，关键在于表决权信托的内容。美国的表决权信托，并不是仅以表决权为信托财产设立的信托，而是以转移股份或股权作为信托财产所设立的信托，其目的在于统一行使表决权。很多关于表决权信托的讨论，实际上都是以股份或股权转移为前提的。如果单纯地以表决权为信托财产设立信托，不符合信托的本义与信托法的规定，因为表决权不具有独立财产权的特征，它不能脱离股份或股权而独立存在。而且，在实践中，也不以表决权为信托财产设立信托为必要，股权持有人完全可以通过委托人形式，由代理人行使表决权；多个股权持有人可以通过共同委托代理人的形式，实际上集中行使表决权。

当然，理论上也有人指出，表决权信托不同于股权信托，认为股东的权利皆与财产利益相关，这些权利，包括表决权，都具有财产权的属性，从而可以成为信托财产，来设立单独的表决权信托。但从目前的法律规定及股权的理论来看，虽然表决权的行使会影响股东的利益，但是它本身并不具有财产属性，也不能给其定价；而且表决权的行使本身受公司法与公司章程的约束，它只是股东行使决策权的权利基础，不能脱离股东身份、不能脱离股份或股权而独立存在。因此，单独的表决权不能成为信托财产。当然，它可以存在于股权信托中，以股权信托的方式实现股东集中行使表决权的目的，同时，通过受益权的安排，保留真实股东收益上的权利。

### 三、信托财产的转让性

在信托安排中，委托人须将拟设立信托的财产转移给受托人，因此，信托财产必须具有可转让性，不具有可转让性的财产不能设立信托。信托财产的转让性包括信托财产的流通性和委托人的处置性两方面的要求。信托财产的流通性，是指只有法律规定可以流通的财产，才能作为信托财产设立信托。信托财产的处置性，是指只有委托人可以自由处置的财产，才可以作为信托财产设立信托。

1. 信托财产的流通性

我国《信托法》第 14 条第 3 款规定："法律、行政法规禁止流通的财产，不得作为信托财产。"第 4 款规定："法律、行政法规限制流通的财产，依法经有关主管部门批准后，可以作为信托财产。"

（1）法律禁止流通的财产。我国目前没有统一的禁止流通财产的清单，各类禁止流通的财产主要是各专门法律法规予以规定。总体上看，禁止流通的财产分为两大类：一是国家专属所有的财产，包括矿藏、水流、海域，城市的土地以及不属于集体所有的农村和城市郊区的土地，不属于集体所有的森林、山岭、草原、荒地、滩涂等自然资源，依法属于国家所有的野生动植物资源，无线电频谱资源，国防资产，依法属于国家所有的文物，依法属于国家所有的铁路、公路、电力设施、电信设施和油气管道等基础设施等。上述属于国家专属所有的财产非经国家同意，任何使用人和管理人不得以其设立信托。二是非法财产，包括毒品、走私物品、反动和淫秽物品以及其他各类违禁品等。所有这些物品依法均禁止在市场上流通，违法流通这些物品，将受到法律的制裁。因此，也不能以其设立信托。

（2）法律限制流通的财产。法律限制流通的财产经过一定的批准程序后可以流通，未经法定批准程序的流通不受法律保护，不具有法律效力。在现行法律、法规的框架下，限制性流通的财产主要有：探矿、采矿权；烟草专卖权；林地、水面等使用权；麻醉品；国家重点保护野生动物及其制品（禁止流通的类型除外）；金银；文物等。以法律限制流通的财产可以设立信托，但是必须经有关部门的批准，由哪个部门批准，由相关的法律、法规规定，通常由该类财产的管理部门批准。

2. 信托财产的处置性

依法可以流通的财产，委托人通常可以自由处置，也可以用该财产设立信托。但是，有时委托人虽然拥有依法可以流通的财产，由于某些情形的出现，限制了其自由处置权，委托人也不得以该财产设立信托。限制处置权的情形，主要有以下三种。

（1）附属的权利。如果委托人拥有的某项财产权附属于其他权利，则不能单独以该附属的权利设立信托，除非将主权利一并作为信托财产设立信托。例如，依据我国《物权法》和《担保法》的规定，担保物权是从属于主债权的从权利，依其性质不能单独存在，也不能单独转让和处分。因此，债权人除非将债权和担保物权作为信托财产设立信托，否则，不能单独以其享有的担保物权设立信托。

（2）共有的财产。我国某项财产属于委托人共同享有的权利，则委托人不得单独处置该财产，如要以该财产设立信托，必须取得共有人的同意。例如，实行夫妻共同财产制的家庭，虽然某项财产置于夫妻一方的名下，但任何一方要以该财产设立信托，均应取得另一方的同意。

（3）约定不得转让的财产。委托人虽然拥有某项法律上可以流通的财产或财产权，但依照取得该项财产或财产权的约定，不得对其加以转让的，委托人也不得以该财产设立信托。例如，委托人取得某项赠与物，依照赠与合同的约定，只能由其本人享有，不得转让给他人。此时，该受赠人便不得以该财产设立信托。又如，某人享有一信托的受益权，但依照信托文件的规定，该人不得自由处置该项受益权，那么，该人也不得以该受益权设立信托。

## 四、信托财产的确定性

信托是一种特殊的财产管理制度，其基础是信托财产，没有确定的信托财产，信托的一系列行为与功能就无法实现。因此，确定性是信托财产的基本要件之一。我国《信托法》第7条规定，设立信托必须有确定的信托财产；第11条进一步规定，信托财产不能确定的，则信托无效。

何为"信托财产的确定性"？法律本身并没有作出明确规定。一般来说，信托财产的确定性应包含三个方面的确定性，包括信托财产存在的确定性、信托财产范围的确定性和信托财产权属的确定性。

1. 信托财产存在的确定性

所谓"信托财产存在的确定性"，是指在信托设立时，委托人用于设立信托的财产是实际存在的，尚未存在或已经不存在的财产，不得作为信托财产。通常已经不存在的财产比较容易确定，例如失效的财产、已经毁灭的财产等。关键是如何理解"尚未存在的财产"？是设立信托时必须要求存在？还是信托设立时可以要求不存在，只要信托存续期间可以确定存在就可？对此，在实践中，容易引起争议的是将来的权利和期待权是否可以作为信托财产的问题。

## 专题讨论

### "将来的权利"或"期待权"能作为信托财产设立信托吗

"将来的权利"是设立信托时还不存在，但在信托存续期间可以确定存在的权利。将来的权利实际上是法律意义上的权利，只是其实现需要在将来才能确定，例如附期限和附条件的权利。附期限的权利是在约定的期限到来后才能实现的权利，如养老保险合同项下受益人的权利，要在保险合同约定的期限届满时，才可以领取相应的养老金。附条件的利是在约定的条件成就后才能实现的权利，例如寿险合同项下受益人的权利，需要在发生相应的保险事故后才能获得保险赔偿金。因此，将来的权利准确地说不是尚未存在的权利，其权利本身现时是存在的，它的内容、范围、价值在现时是可确定的，只是在将来才能够实现的权利。因此，在美国信托法上，是可以作为信托财产的，我国《信托法》也没有如以禁止，依据信托法原理，也应当可以作为信托财产设立信托。

"期待权"则不同。期待权只是对将来取得财产权的一种希望或期待，它的内容、范围、价值在现时都是不确定的，未来能否实现，取决于很多条件，也是不能加以确定的。例如，继承权是一种典型的期待权。虽然法律规定公民均享有继承权，但是继承权的价值现时不能确定，将来能否发生、什么时候发生也不确定。因此，期待权不是法律意义上实际的权利，最多只是一种取得权利的资格，它不具有财产确定性的特征，不得以此设立信托。

2. 信托财产范围的确定性

所谓"信托财产范围的确定性",是指委托人用以设立信托的财产有明确的范围,能够独立辨析,并与非设立信托的其他财产能明确地区分开来,不能模糊不定。信托财产范围不能确定,将不能设立有效的信托,这是因为设立信托的目的是要通过受托人的管理行为赋予受益人以信托利益,如果信托财产范围不能确定,受托人的管理行为就没有具体的指向,受益人的信托利益也没有具体的依托,信托目的便不能实现。例如,信托文件不能笼统地规定:以我的大部分财产设立信托,该信托因不能确定信托财产的范围而无法有效成立。

信托财产范围的确定方法,依信托财产的种类不同而不同。资金应当标明币种和金额,如人民币 1 亿元;实物应当标明品质、件数、数量或者重量等,对种类物还应采取某种标识或者存放于特定场所,以与非设立信托的其他种类物相区别;权利性财产应当附上相应的权利凭证等。

3. 信托财产权属的确定性

所谓"信托财产权属的确定性",是指委托人设立信托的财产应当权属明确,确实属于委托人合法拥有的财产,存在争议、权属不清的财产不能用来设立信托。当然,权属的确定性也可理解为信托财产必须是委托人合法所有的财产范围之内,因此,此方面的确定性也可以包含在信托财产的合法性要件之中。

## 第三节 信托行为的生效要件

信托依信托行为而设立。我国《信托法》对信托行为未做明确的规定,在理论与实践中对信托行为存在着不同的理解,大体上分为两类。一是从广义上理解,认为信托行为是指信托当事人通过意思表示设立、变更或终止信托并依法产生相应法律后果的行为,即信托法律行为;二是从狭义上理解,认为信托行为是指以设立信托为目的的行为,即信托设立行为。本章仅从狭义上使用信托行为的概念,即仅指信托设立行为。

对于信托行为的构造与法律性质,理论界存在着不同的认识,有单一行为说和复合行为说之分。复合行为说认为,信托行为包括物权行为和债权行为,物权行为是指委托人将信托财产转移给受托人的行为,债权行为是委托人设立信托的意思表示行为，而且这两种行为互相独立，组合在一起共同构成信托行为，物权行为与债权行为同为信托行为的成立要件。单一行为说认为，信托行为虽然包括委托人向受托人转移财产权的物权行为，以及受托人依委托人的意思表示、为受益人的利益管理和处分信托财产的债权行为，但这两个行为不是分别独立存在的，而是合二为一的一个行为。虽然在信托行为构成上有不同的理论理解，但不论是单一说还是复合说，在法律构成上，信托行为均包括两个要件：一是主观要件，为当事人设立信托的意思表示行为；二是客观要件，为信托财产的转移行为。只有具备这两个要件，信托行为才是有效的行为，才能有效设立信托。

### 一、意思表示行为

虽然在英美法系国家有推定信托，不需要委托人有明确的意思表示，依据对委托人的意思进行推定，也可认定信托，但根据我国《信托法》对信托的界定，信托必须有委托人的明确的意思表示，这是设立信托必须具备的要件之一。

意思表示是法律行为的核心要件之一，完整的意思表示包括三个方面的内容：一是意思表示的形式，它是意思表示的外部呈现的方式，只有通过一定的外部形式，主体的意思才能为他人所知晓并理解；二是意思表示的内容，即行为主体向他方所表达的意思本身；三是意思表示的真实性，由于法律行为的目的是主体希望产生能够体现自己真实意思的法律后果，因此，意思表示必须反映主体真实的意思。

1. 意思表示的形式

意思表示可以用明示方式或者默示方式表示。明示是行为人以语言文字或者直接表示内在意思的其他形式表现，包括口头形式、书面形式和其他特别形式；而默示是从行为人的行为中以推定的方式间接知悉其所表示的内在意思。不同的意思表示形式虽然都能表示主体的内在意思，但是它们在意思表示的准确性、完整性、明确性和稳定性等方面不同。明示不易引起当事人之间的纠纷，而默示由于缺乏外在的、明确的表现形式，经常会引起歧义和纠纷，因此，仅在特定情形中适用。而在明示的意思表示形式中，口头形式的表现力又弱于书面形式。在通常的法律行为中，出于对意思自治的尊重，对法律形式一般不作特别的限制，口头形式、书面形式或其他形式，只要能表达当事人的意思，均可以采用。但是，一些特定的法律关系中，由于法律行为涉及的内容、事项或标的的特殊性，法律上对意思表示的形式会作出明确的规定。

对于民事信托，各国法律上对意思表示的形式没有明确的要求，但对于营业信托，一些国家要求必须采取书面形式，或对于特定类型的信托要求采取书面形式。例如英国，对于大多数的信托没有形式上的要求，但不动产信托必须采取书面形式。

我国《信托法》第8条第1款明确规定："设立信托，应当采取书面形式。"在中国，信托的意思表示要求采取书面形式，既有信托行为本身复杂性的原因，也与信托在中国的实践相关。信托是一种较复杂的民事行为，一方面，信托涉及多方当事人，不仅有委托人、受托人，还有受益人，当事人之间存在着复杂的法律关系；另一方面，信托关系涉及财产的转移，也涉及对信托财产的管理，对当事人的权利义务关系具有较大的影响。此外，信托关系通常会持续较长的时间，书面形式更能保证法律关系的稳定性与持续性。从信托在中国的实践来看，信托在中国恢复开展的时间不长，信托行为在中国还不普遍，很多人对信托关系不熟悉，书面形式有利于当事人更好地理解信托，更有利于明确当事人之间的权利义务关系，减少不必要的纠纷。

我国《信托法》不仅规定设立信托应当采取书面形式，而且规定了书面形式的类型。我国《信托法》第8条第2款规定："书面形式包括信托合同、遗嘱以及法律、行政法规规定的其他书面文件。"上述设立信托的书面文件，我国《信托法》统称为"信托文件"。

（1）信托合同。信托合同是信托意思表示通常采用的方式，即由委托人与受托人签订信托合同，在当事人之间形成合同关系。订立信托合同，原则上应当遵守《合同法》关于合同订立的一般规定，但是，同时也应当遵守《信托法》关于合同形式和合同内容的特别规定。在合同形式上，信托合同不同于一般的民事合同，不能采取非书面的形式（如口头方式、行为方式等），而应当采取书面形式。书面信托合同可以采取由委托人和受托人签订信托合同书的方式，也可以采取《合同法》的规定，采取书面邀约与书面承诺的方式订立。在合同内容上，信托合同与一般民事合同也有所不同。《合同法》关于合同条款的规定，大多数属于任意性规定，依当事人意思自治加以约定，但信托法对信托合同中的一些内容，特别是受托人的强制性义务或法定义务，有了明确的规定，而不取决于当事人的意思。

(2) 遗嘱。遗嘱是遗嘱人生前对其死后个人财产进行处分或安排，并在其死后发生效力的法律行为，它是依法进行的无相对人的单方面法律行为。以遗嘱方式设立信托，应当遵守《继承法》关于遗嘱的规定（《信托法》第 13 条第 1 款），此外，也要遵守《信托法》关于信托的特别规定。遗嘱信托不同于合同信托，遗嘱并不是预先订立合同，它是依照遗嘱的内容直接产生信托法律关系，依据通行的观点，遗嘱信托不以受托人承诺管理、处分信托财产为信托的成立要件。我国《信托法》也规定，遗嘱指定的人拒绝或无能力担任受托人的，除非遗嘱另有规定，由受益人另行选任受托人；受益人为无民事行为能力人或者限制民事行为能力人的，依法由其监护人代行选任。可见，遗嘱指定的人是否承诺信托不影响遗嘱信托的成立与生效。另外，我国《信托法》第 8 条第 3 款规定，以信托合同之外其他书面形式设立信托的，受托人承诺信托时，信托成立。这意味着，遗嘱生效时，受托人承诺接受信托之前，遗嘱信托尚未成立，这会给实践带来一些困惑。在我国，以遗嘱方式设立信托的实践尚不多见，对于遗嘱信托涉及的具体问题，目前理论与实务方面探讨得都不多。实践中遇到这类问题到底该如何解决，还需要进一步探讨，需要法律上进一步地明确与完善。

关于遗嘱的形式，我国《继承法》第 17 条规定了公证遗嘱、自书遗嘱、代书遗嘱、录音遗嘱和口头遗嘱五种形式。根据《信托法》的规定，遗嘱信托只能采取书面形式，因此，设立信托的遗嘱不能采取口头遗嘱方式，应当采取公证遗嘱、自书遗嘱和代书遗嘱形式。录音遗嘱虽然采取口头叙述，但由于有录音这种载体加以固定，应当视为一种特殊的书面形式。此外，设立信托的书面遗嘱，其成立条件也要符合继承法的相关规定。我国《继承法》对每一种书面遗嘱的成立要件均做了具体的规定，例如，公证遗嘱应当由遗嘱人经公证机关办理；自书遗嘱应当由遗嘱人亲笔书写，签名，注明年、月、日；代书遗嘱应当有两个以上见证人在场见证，由其中一人代书，注明年、月、日，并由代书人、其他见证人和遗嘱人签名；录音遗嘱应当有两个以上见证人在场见证。

(3) 其他书面形式。我国《信托法》第 8 条第 2 款规定，除了信托合同与遗嘱外，书面形式还包括法律、行政法规规定的其他书面文件。该法及相关的立法或司法解释中未对"其他书面文件"做出解释。到目前为止，我国相关法律、行政法规中明确规定设立信托其他书面文件的，仅有《中华人民共和国证券投资基金法》所规定的基金合同。

基金合同是规定基金管理人、基金托管人和基金份额持有人的权利义务、基金的管理与运作等基本内容的文件，它实际上是一份标准的规范性文件。它采取了合同的名称，但它并不需要投资人（委托人）签字，而只需基金管理人和基金托管人签署，基金投资者自依招募说明、基金合同认购和持有基金份额即时自动成为基金份额持有人和基金合同当事人，认购和持有基金份额的行为本身即表明其对基金合同的完全承认和接受，基金份额持有人作为基金合同当事人并不以在基金合同上书面签章或签字为必要条件。从这个意义上讲，基金合同实际上相当于基金章程，投资者认购基金即表明其认可该章程，证券投资基金依章程及投资者认购书设立。除此之外，其他法律、法规中还没有明确规定设立信托的其他书面文件形式。在未来，如果集合资金信托计划或其他集合信托产品可以实现公募，则信托计划说明书或集合信托章程，可以成为未来的其他书面文件的形式。

2. 意思表示的内容

（1）设立信托的意思表示须明确的内容。由于信托的特殊性，很多国家的信托法都明确要求信托行为的内容具有确定性，例如，英国信托法要求信托必须符合三项确定原则，即言词确定、信托财产确定、受益人确定；美国信托法认为，为了使一个明示的或自愿的信托成立，必须明确无误地规定该信托的必备要求，除了语言上的明确之外，其实质性条款必须确切，并具有信托的必备要素，包括信托的性质和对标的物的处理、信托的构成、意图、受益人对收益的取得及信托终止的时间等。

（2）信托文件的基本条款。我国《信托法》第9条对信托书面文件的内容做了明确规定，该条将信托文件条款区分为两类，分别是法定条款和任意条款。

所谓法定条款，是指设立信托的书面文件依法必须载明的条款，没有载明这些条款，将会影响信托的效力，导致信托无效的法律后果。《信托法》第9条第1款规定了信托书面文件的法定条款，包括五个方面：信托目的；委托人、受托人的姓名或者名称、住所；受益人或者受益人范围；信托财产的范围、种类及状况；受益人取得信托利益的形式、方法。

所谓任意条款，是指设立信托的书面文件可以任意记载的条款，信托当事人根据实际情况加以确定。任意条款是指引性条款，其欠缺不会产生信托效力问题，不会导致信托的无效。我国《信托法》第9条第2款规定了信托书面文件的任意性条款，包括信托期限、信托财产的管理方法、受托人的报酬、新受托人的选任方式、信托终止事由等事项。除以上条款外,信托当事人也可以载明认为需要的其他任意性条款。

3. 意思表示的真实

我国《信托法》对设立信托的意思表示,仅就其形式和内容作出了具体规定,对其真实性并没有加以规定。但信托行为属于民事法律行为的一种,在《信托法》没有规定之处,应当适用其他民事法律的规定。根据我国《民法通则》第55条的规定,意思表示真实是民事法律行为应当具备的有效条件之一,因此,设立信托的意思表示也必须能够反映委托人和受托人的真实意思。在实践中,意思表示的目的虽然是能体现行为主体的内在真实的意思,意思与表示之间存在一种必然的关系,但并不意味着在法律行为的实际发生中意思和表示总是一致的。在意思和表示不一致时,即表示不能反映真实的意思时,依照其他相关民事法律的规定(主要是《民法通则》《合同法》《继承法》),也不能设立有效的信托。

根据《民法通则》《合同法》等法律规定,意思表示不真实的情形主要包括以下五种:(1)因一方欺诈而作出的意思表示;(2)因一方胁迫而作出的意思表示;(3)因一方乘人之危而作出的意思表示;(4)因当事人重大误解而作出的意思表示;(5)显失公平的意思表示。在发生上述意思表示不真实的情形时而设立的信托,依照其他民事法律的规定,信托无效或者可以撤销。

## 二、财产转移行为

我国《信托法》没有明确规定用来设立信托的财产应当转移给受托人,在该法第2条定义中仅规定委托人应当将其财产权"委托给受托人"。对此有不同的理解。有人认为,"委托给"在内涵上不同于财产转移,它不导致将委托人的财产权转移给受托人。这种理解是对信托制度本身及《信托法》的误读。一方面,从通例上看,一般国家的信托法中均明确规定了设立信托时的财产转移问题。例如,日本《信托法》第1条规定,信托包括财产权的转移或其他处理;韩国《信托法》第1条也明确规定,信托中,信托人将特定财产转移给受托人,但也可以经过其他手续,请受托人管理和处理其财产。另一方面,从我国《信托法》其他条款来看,信托设立也包括了财产的转移行为,例如,《信托法》第14条规定,受托人因承诺信托而取得的财产为信托财产,这意味着委托人须将财产转移给受托人,否则,受托人无从取得信托财产;另外,从信托财产的独立性等特性来看，委托人须将信托财产从其他财产中分离出来转移给受托人，否则无从保持信托财产的独立性。因此，从《信托法》的精神来看，信托定义中的"委托给"应该理解为委托人需要将设立信托的财产转移给受托人，实际上，我国信托业开展的营业信托，在操作上均建立在财产的转移基础上。

1. 转移义务人与转移时间

信托设立时，财产转移义务人与转移时间依不同的设立方式而不同。依遗嘱方式设立的信托，以作为委托人的立遗嘱人死亡为生效前提，因此，在遗嘱生效后，委托人已经不存在，设立信托的财产应由遗嘱执行人负责转移给受托人，在没有遗嘱执行人的情况下应由委托人的继承人负责转移给受托人。财产转移的时间，遗嘱有规定的，按遗嘱规定的时间执行；遗嘱没有规定的，应由财产转移义务人依照财产的种类和性质与受托人确定合理的时间。

对于依信托合同设立的信托，财产转移义务人为委托人本人，财产转移的时间依信托合同的约定。例如，委托人与受托人于2010年1月1日签署了信托合同，但信托合同约定，委托人于2010年6月30日才将财产转移给受托人，财产转移日应为2010年6月30日。因此，信托合同本身的成立与生效并不意味着信托财产权的当然、有效的转移，也即虽然信托合同成立并生效了，在信托财产没有转移给受托人之前，该合同并不当然产生信托生效的法律后果，除非信托合同中明确约定信托财产权从合同生效之时转移给受托人。

2. 财产转移的方式

我国《信托法》对设立信托时财产转移的方式未做明确的规定。从法理上说，既然信托财产是由受托人作为名义的权利主体，那么，设立信托时，转移财产的方式就应当与法律上有效转移同类财产权的方式相同。据此，在信托财产转移方式上，应依照其他有关法律关于财产权转移方式的规定加以确定。从我国现行的法律规定来看，财产转移的方式，依财产权种类的不同而异。

（1）动产。以动产物权（包括动产所有权和动产他物权）作为设立信托的财产。除法律另有规定外，原则上以交付为转移方式。我国《物权法》第23条对此做了明确规定："动产物权的设立和转让，自交付时发生法律效力，但法律另有规定的除外。"其中，对于船舶、航空器和机动车辆等动产物权的设立、变更、转让和消灭，虽然《物权法》第24条规定应当办理相关登记手续，但该登记并不是转让发生效力的要件，其法律效果仅仅是不得对抗善意第三人，转让的效力仍然以交付为条件。法律对于动产物权取得方式另有规定的，主要是《物权法》关于可以作为抵押权标的的动产，包括生产设备、原材料、产品、半成品、船舶、航空器和交通运输工具等。依照《物权法》的相关规定，就上述动产设立抵押权，不需要交付动产，抵押权自抵押合同生效时设立，同时应当向有关部门办理登记手续，但该登记的效力仍然只限于不得对抗善意第三人，而非是抵押权的生效条件。依照法理，如果委托人以主债权和从属的上述动产的抵押权作为设立信托的财产（如前所述，抵押权本身由于其从属性，难以独立作为设立信托的财产），该种抵押权也应当从抵押权变更合同生效期转移给受托人。

（2）不动产。以不动产物权（包括不动产所有权和不动产他物权）作为设立信托的财产，除法律另有规定外，原则上以登记为转移方式。我国《物权法》第9条第1款明确规定："不动产物权的设立、变更、转让和消灭，经依法登记，发生效力；未经登记，不发生效力，但法律另有规定的除外。"法律对不动产物权取得方式另有规定的，主要体现为对某些用益物权的设定上。例如对于土地承包经营权，我国《物权法》第127条第1款规定："土地承包经营权自土地承包经营权合同生效时设立。"第2款进一步规定："县级以上人民政府应当向土地承包经营权人发放土地承包经营权证、林权证、草原使用证，并登记造册，确认土地承包经营权。"但该款规定的效力不是设定权利，而是确认权利。又如，对于地役权，我国《物权法》第158条规定："地役权自地役权合同生效时设立。当事人要求登记的，可以向登记机构申请登记；未经登记，不得对抗善意第三人。"依据法理，既然土地承包经营权和地役权等用益物权，其设立不需要登记，其转让也不需要登记，用其作为信托财产设立信托，信托合同生效应当视为信托财产已经转移。

（3）股权。股权是有限责任公司股东基于认缴的出资和股份有限公司股东基于认购的股份而对公司享有的财产权。以股权作为设立信托的财产，其转移方式视公司形式不同而不同。对于有限责任公司的股权，依照股权转让合同的约定转移，因此，用其设立信托，股权按照信托文件规定的条件和时间转移，转移后，应当取得公司签发的出资证明书和记载于公司备置的股东名册，但出资证明书和股东名册的记载仅是股权的证明文件，不是取得股权的条件。根据《公司法》第33条的有关规定，有限责任公司应当将股东的姓名或者名称及其出资额向公司登记机关登记；登记事项发生变更的，应当办理变更登记。未经登记或者变更登记的，不得对抗第三人。据此，有限责任公司股权变更登记不是股权转移的生效要件，只是产生不得对抗第三人的法律效果。

对于股份有限公司的股权（以股票形式表现），《公司法》第140条、第141条规定，记名股票，由股东以背书方式或者法律、行政法规规定的其他方式转让，转让后由公司将受让人的姓名或者名称以及住所记载于股东名册。无记名股票的转让，由股东将该股票交付给受让人后即发生转让的效力。据此，以股份公司股票设立信托，记名股票以背书转移给受托人、无记名股票以交付转移给受托人。应当指出的是，股东持有上市公司股票，通常采取无纸化方式，即以在证券登记结算机构的登记方式体现其股权，因此，以无纸化的上市公司股票设立信托，应当在证券登记结算机构办理变更登记为转移方式。

（4）债权。债权与其他财产权性质不同，它是债权人对债务人所拥有的以金钱给付为内容的请求权，它的标的不是一个实体的物。根据我国现行法律的规定，债权转让实行高度的意思自治原则，原则上可以自由转让，其转移方式和转移时间均按照债权转让文件确定。因此，除非法律另有规定，以债权设立信托，债权的转移方式和转移时间完全由信托文件规定。但是，对于证券化的债权，主要是债券和票据（包括汇票、本票和支票），法律对其转让方式通常会另有规定。对于有形的债券，其转移需以背书方式（记名债券）或者交付方式（无记名债券）方式进行；对于无纸化的债券，其转移需要到相关债券登记结算机构办理转移登记；对于票据权利的转移，依照《票据法》的规定，应当采取连续背书的方式转移。

（5）知识产权。知识产权包括专利权、著作权和商标权。知识产权可以依法转让，因而可以作为设立信托的财产。对于著作权，其转让的方式和转让时间，依照转让文件自行确定，因此，以著作权设立信托，著作权的转移依照信托文件约定的方式和时间确定。对于专利权和商标权，由于其取得需要向国家专利行政部门和商标行政部门办理登记手续和核准手续才能发生效力，因此，其转让也要办理相关手续才能发生效力，用其设立信托，作为信托财产的专利权和商标权转移给受托人也应当办理相同的手续。《专利法》第10条第3款规定："转让专利申请权或者专利权的，当事人应当订立书面合同，并向国务院专利行政部门登记，由国务院专利行政部门予以公告。专利申请权或者专利权的转让自登记之日起生效。"《专利法实施细则》第 14 条规定："除依照专利法第 10 条规定转让专利权外,专利权因其他事由发生转移的,当事人应当凭有关证明文件或者法律文书向国务院专利行政部门办理专利权转移手续。"《商标法》第 39 条规定："转让注册商标的,转让人和受让人应当签订转让协议,并共同向高标局提出申请。受让人应当保证使用该注册商标的商品质量。转让注册商标经核准后,予以公告。受让人自公告之日起享有商标专用权。"《商标法实施细则》第 26 条规定："注册商标专用权因转让以外的其他事由发生移转的,接受该注册商标专用权移转的当事人应当凭有关证明文件或者法律文书到商标局办理注册商标专用权移转手续。"

### 三、信托行为的特别生效要件

一般情况下,信托行为只要具备法定的意思表示要件和财产转移要件,即能设立有效的信托。但是,对于特殊类型的信托行为,法律通常规定有特别生效要件,主要有两种情况:一种是依法需要办理信托登记的信托,只有办理了信托登记手续,才能有效设立;另一种是依法需要审批的信托,只有完成了审批手续,才能设立有效的信托。

1. 信托登记

信托登记是一种公示制度,即通过登记的办法向社会公开信托事实。为什么要对信托实行公示?主要原因是信托设立后,信托财产具有独立性,第三人原则上能对信托财产进行追索,如不以一定方法公开信托事实,第三人有可能因无法知道此事而无端遭受损害。有鉴于此,我国《信托法》参考日本、韩国等国立法,特别规定了信托登记制度。

《信托法》第 10 条第 1 款规定："设立信托,对于信托财产,有关法律、行政法规规定应当办理登记手续的,应当依法办理信托登记。"第 2 款规定："未依照前款规定办理信托登记的,应当补办登记手续;不补办的,该信托不产生效力。"这就是我国的信托登记制度。《信托法》赋予信托登记以非常严重的法律后果。在国外,信托公示的法律后果通常是对抗第三人,不会影响信托的效力。但在我国,应登记而未登记的法律后果则是信托不发生效力。

应当指出的是,并非所有信托的设立均需要办理信托登记。只有以"有关法律、行政法规规定应当办理登记手续的"财产设立信托,才需要办理信托登记。

由于信托的设立以财产权有效转移给受托人为基础，因此，设立信托要先办理信托财产权转移给受托人的手续。如前所述，信托财产权有效转移给受托人的方式，依照法律法规规定的转让同类财产权的方式确定。如果法律法规规定财产权转移的效力需要办理登记手续才发生，例如不动产物权、专利权和商标权等，则以该类财产权设立信托，除了需要办理财产权转移于受托人的登记手续外，还要依照《信托法》的规定再行办理信托登记手续。据此，对于以此类财产权设立的信托，需要办理两个"登记手续"才能生效：一个是财产权转移给受托人的登记手续；另一个是信托登记手续。而对于财产权转移的效力依法不需要办理登记手续就能发生的财产，例如动产物权、债权、股权、著作权等，以其设立信托，只要依法定方式履行财产权转移于受托人的手续即可，无须再办理信托登记手续。

应当特别注意的是，我国有关法律对某些财产权的转移虽然规定了需要办理登记手续，但该登记并不产生转移的效力，只发生不得对抗第三人的效力，例如有限责任公司股权的转移登记、地役权转移的登记以及船舶、航空器和机动车辆转移的登记等，对于以该类财产权设立的信托，同样不需要办理信托登记。因此，对于我国《信托法》第10条规定的作为"信托登记"前提的"登记手续"，应该仅限于能够产生财产权转移效力的"登记手续"。

我国《信托法》虽然规定了信托登记制度以及适用的范围，但对信托登记的具体操作规则没有做详细的规定，例如登记申请人、登记机关、登记内容等，导致实践中难以设立以需要办理信托登记的财产为信托财产的信托活动，如真正的不动产信托等，因此，我国应加快该方面的立法，在现有的财产权变更登记体系之上，规定一套信托登记体系。

2. 信托设立审批

通常，信托的设立采取意思自治原则，由委托人和受托人自行设定，不需要行政机关的审批。但是，对于公益信托，由于涉及公共利益，我国《信托法》第62条明确规定，公益信托的设立及其受托人的确定，应当经有关公益事业的管理机构批准。未经公益事业管理机构的批准，不得以公益信托的名义进行活动。此外，对于一些特殊类型的营业信托，由于涉及多数投资人的利益，有关法律和监管规章也规定了必须经批准才能设立。例如证券投资基金的设立需要经证监会批准。信贷资产证券化信托业务，需要经中国银保监会和中国人民银行批准。凡是依法需要批准才能设立的信托，只有履行了相关的批准手续，才能有效设立。

## 第四节　信托目的合法性

信托目的是委托人设立信托、意欲达成的目的。信托目的由委托人确定，属于委托人的主观意愿，但信托目的要通过具体信托条款加以表现，并经由具体信托条款客观化。例如，甲设立信托的目的是为了给其父母提供赡养费用，该信托目的就需要通过在信托文件中关于赡养费支付条款的安排来体现。现代信托制度的核心价值是通过"受托人"的设计，为委托人提供能够更加灵活实现自己愿望的财产转移与财产管理方式。因此，现代信托法均确立了"信托目的自由性原则"，委托人可以为了各种各样的目的，自由设立信托，并在法律设计上确保信托目的的实现。我国《信托法》同样贯穿了这一理念。

与此同时，为了防止信托用于非法目的，各国信托法虽然确立了"信托目的自由性原则"，但同时也确立了"信托目的合法性原则"，以互相制衡。例如《美国信托法重述（第三次）》规定，信托目的不得非法或违反公共政策；韩国《信托法》第5条规定，信托目的不得违反公序良俗和社会秩序。我国《信托法》第6条也明确规定："设立信托，必须有合法的信托目的。"我国《信托法》第11条还进一步规定，信托目的违反法律、行政法规或者社会公共利益的，信托无效。因此，信托目的合法性是我国《信托法》所规定的设立信托的基本要件之一。

### 一、信托目的的内容

#### 1. 信托目的的自由性

信托目的是信托的基本构成要素之一，但对于信托目的的具体内容，信托法本身并没有作出具体规定。信托法大多是从对信托目的的否定性角度，对信托目的进行禁止性规定，要求信托目的必须合法或不得违反公序良俗或社会秩序，或信托不得用于某种特定目的。例如日本《信托法》第11条规定，信托不得以从事诉讼行为为主要目的。《美国信托法重述（第三次）》对信托目的的规定较前两次重述要丰富一些，除规定禁止信托用于非法目的外，该重述第 27 条还从受益人的角度，对信托目的进行了基本分类，即信托的目的可以是慈善目的或私人目的，或者慈善与私人目的的结合。

我国《信托法》仅规定设立信托必须有合法的目的，但对信托目的的内容和类型也没有进一步的规定。诚然，与人们在社会经济生活中的多种需要相一致，信托目的的具体内容是丰富多样的，在法律中对信托目的的内容难以作出具体的规定。由于委托人出于不同的考虑来设立信托，因此，在实践中，信托目的具有多样性和灵活性。虽然法律上对信托目的内容没有明确的规定，在理解上，只要不违反法律的禁止性规定，信托目的的内容就是任意性的，由委托人自由确定。在不违背法律的前提下，信托目的可以自由设定，即"信托目的自由性原则"，这正是实务上信托具有高度灵活性和广泛适用性的法律基础。

2. 信托目的的一般分类

由于信托的本质是委托人通过信托安排赋予受益人以特定利益或者实现特定的目的，因此，从受益对象的性质不同，将信托目的分为私益目的、公益目的和特别目的，这是关于信托目的最基本的分类。

（1）私益目的。私益目的是为了特定人的利益而设立信托，此类信托称为"私益信托"，目的是赋予特定的人（包括特定的自然人、法人和其他组织）以信托利益。在私益信托中，又可以分为自益信托和他益信托。自益信托是委托人为了自己的利益而设立的信托，目的是赋予自己以信托利益；他益信托是委托人为了自己以外的当事人利益而设立的信托，目的是赋予他人以信托利益。私益信托的具体目的又依信托利益的具体内容而定。

（2）公益目的。公益信托是为了公共利益的目的而设立信托，此类信托称为"公益信托"。至于公益信托的具体目的，由信托文件根据法律规定的类型加以确定。我国《信托法》第 60 条列举了公益信托目的的类型，包括救济贫困；救助灾民；扶助残疾人；发展教育、科技、文化、艺术、体育事业；发展医疗卫生事业；发展环境保护事业，维护生态环境；发展其他社会公益事业。

（3）特别目的。特别目的是既非为了特定人的利益。又非为了公共利益，而是为了某些特殊的目的而设立信托，此类信托通常称为"目的信托"。例如为照看宠物而设立的信托、为修缮坟墓而设立的信托等。我国《信托法》并不禁止设立目的信托。

📖 **专题讨论**

### 信托财产的管理方式可以成为信托目的的内容吗

由于信托目的需要经由受托人对信托财产的管理活动加以实现，特定信托目的往往需要特定的管理方式才能实现，例如，以保管为目的而设立的信托，其管理方式不能采取具有风险的投资形式；以投资获利为目的而设立的信托，需要符合投资策略的投资方式才能实现。因此，信托财产的管理方式应当与信托目的的实现相一致，采取不恰当的管理方式造成信托财产损失的，有时也会被作为违反信托目的来理解。从这个意义来说，信托财产的管理方式也可以被认为属于信托目的的范畴。在我国现行实践中，大多数营业信托中的信托合同都是将信托财产的主要运用方式及拟实现的具体目的结合起来，来表述信托目的。例如，在典型的集合资金信托合同（如信托资金用于投资于证券）中，关于信托目的的典型描述是：委托人基于对受托人的信任，自愿将合法所有的资金委托给受托人，由受托人主要投资于国内证券市场，以管理、运用或处分信托财产形成的收入作为信托利益的来源，为受益人获取投资收益。

## 二、信托目的的合法性

设立信托不仅必须有信托目的，而且信托目的必须合法。虽然各国信托法中表述方式不一，但不允许当事人为规避法律或违法的目的而设立信托，这是各国信托法上的通例。

我国《信托法》关于信托合法性的规定涉及两个条款：一是第6条，从积极方面规定设立信托必须有合法的信托目的。二是第11条，关于无效信托的规定，其中有两项涉及信托目的，第11条第1项规定信托目的违反法律、行政法规或者损害公共利益的信托无效，该项的规定是对第6条的补充与强化，规定了目的非法的信托后果；第11条第4项规定，专以诉讼或讨债为目的设立的信托无效，该项从消极方面否定了以诉讼或讨债为目的的信托的合法性。

虽然《信托法》对信托目的合法性及非法信托目的的情形做了规定，但除以诉讼或讨债作为信托目的是具体规定外，其他关于信托目的合法性的规定为抽象性规定，法律并没有规定具体的判定标准。有些情况下，信托目的是否违反了法律或行政法规比较容易界定，但在很多情况下，信托目的合法性的判定并非易事。例如企业职工通过信托持股，该信托的目的实际上是解决众多职工持股问题。从形式上看，它并不违法，但是从另一个角度来看，它可能会规避法律上对公司股东人数的限制。也正是基于此种原因，中国证监会在审查拟上市公司发起人人数时，不认可工会持股、持股会及个人代持等信托持股方式，在计算股东人数时，将直接股东与信托持股所代表的间接股东合并计算。这表明，在中国证监会看来，拟上市公司信托持股实际上是在规避《证券法》上关于发起人股东人数限制的规定。在有限责任公司职工信托持股中，也存在着同样的问题，在职工人数远超过50人的情形下，以信托形式让职工持股也规避了《公司法》上关于股东人数限制。在实践中，利用信托规避某些法律、法规或监管部门的限制，也是屡见不鲜。很多受让股权收益权的资金信托，名义上信托目的是为投资人（受益人）谋取收益，但实质上是为资金使用方融资。这类规避贷款限制的信托，不论是监管部门还是研究者，较少从信托目的的合法性上分析信托的合法性。这也表明，除非直接违反禁止性规定或严重违法，在实践中，信托目的的合法性较少受到关注。

## 第五节　家族信托的监察人

### 一、家族信托监察人概述

#### （一）家族信托监察人的由来

家族信托监察人（protector）是指信托文件中指定的有权力对受托人管理信托财产与家族事务活动进行引导或限制和监督的人，信托监察人有时也称作信托保护人。在私益信托领域，监察人制度产生于离岸信托，由于委托人对将自己的巨额资产和家族事务托付给遥远且并不熟悉的离岸地的受托人来管理会缺乏信任感和安全感，因而需要设立信托监察人，以引导和监督受托人更好地实现委托人的意愿。例如库克群岛、BVI、巴哈马等地的信托法律法规均对监察人作出了规定。世界各主要离岸地对监察人的立法主要分为两种情况。第一种是在信托法中明确规定了监察人制度，并详细写明了监察人的职责和可以享有的权利。这类离岸地对于监察人认可度最高，在家族信托的实务操作中也有法可依。第二种是当地信托法中只简单提及委托人可以在信托文件中指定监察人。这类离岸地认可监察人制度，在信托文件中设计监察人规则的自由度也较高，但是法律的可预测性较差，在家族信托实务操作中如果不注意对监察人条款的拟定则可能会面临一定的法律风险。

对于信托监察人的具体含义，目前尚未有统一的结论，但各司法管辖领域对信托监察人的规定普遍都赋予信托监察人很大的权力，包括解除和替换受托人或增加受益人，修改或终止信托，对受托人的一些建议进行否决等。在家族信托中，根据信托目的及信托契约的规定，监察人同样可以享有广泛的权利对信托行使保护、监督的职权。在此过程中，家族信托监察人均是以自己的名义行使这些权力，而非以受益人或其他主体的名义行使。

### （二）家族信托监察人的特征

从以上信托概念可以看出，家族信托的监察人具有以下特征。

1. 家族信托监察人的作用是监督受托人

家族信托设立后，除非委托人在信托文件中作出了权利保留，否则即与信托脱离了关系。受托人为了受益人的利益，对信托财产进行管理和处分。而监察人的引入，则是为了更好地保护受益人的利益，对受托人的管理处分行为进行监督，使其行为符合家族信托的设立目的。

2. 家族信托监察人的权利较为广泛

一般情况下，各司法管辖区的信托法律法规对监察人的权利并未作出详细的强制性描述，家族信托监察人的权利多由委托人在信托文件中规定。为了使信托能够实现家族财富管理与传承的目的，更好地保护受益人的权利，家族信托监察人往往被赋予较为广泛的权利，包括增加受益人、更换受托人、对受托人的行为进行监督等。在受托人违背管理职责或处分信托事务不当，给受益人造成损失时，监察人还可以提起相应的诉讼，要求受托人承担损害赔偿责任或请求法院撤销受托人的不当处分等。

3. 家族信托监察人并非家族信托当事人

家族信托的过程是委托人将其持有的家族财产信托给受托人，使其为了家族财富传承的目的进行管理或处分，并将信托收益按照信托文件的规定向受益人进行分配。由此可以看出，信托监察人并非家族信托的当事人。因此，设立家族信托时未指明监察人，并不影响家族信托的有效设立。

### (三) 家族信托监察人的分类

1. 依据监察人数量进行划分

依据监察人数量的不同，可以将家族信托监察人分为单一信托监察人与共同信托监察人。单一信托监察人，即家族信托的监察人是一人；共同信托监察人，即家族信托的监察人由两个及两个以上的人共同组成。在家族信托实践中，信托监察人通常由多人共同担任，组成"家族信托监察人委员会"。监察人委员会的各成员发挥各自优势，共同承担信托监督职责，从而保护受益人的利益。此外，通常情况下家族信托的存续期较长，委托人在设立家族信托时，往往需要制定监察人委员会相关的规则制度，以规范监察人委员会的职权及人员选任、更换、罢免等事项。

2. 依据监察人属性进行划分

依据信托监察人人身属性的不同，家族信托监察人可以分为自然人监察人和法人监察人。各国法律法规尚没有明文规定信托监察人仅可由自然人或法人担任。但在实践操作中，因为家族监察人职权行使对执行人的身份、专业能力要求较高，特定或满足一定条件的自然人担任监察人的情形比较常见。若由法人来担任监察人，则需要由该法人监察人指定符合相应条件的代表来执行具体事务，这无疑会增加监察人选任的复杂程度。此外，执行事务的代表一旦更换，该法人担任监察人的适当性也会随之变动。因此，一般而言，法人不宜担任家族信托的监察人。

3. 依据监察人身份进行划分

依据信托监察人是否由家族成员担任，可以划分为家族成员监察人与非家族成员监察人。

非家族成员监察人是指由家族成员以外的人担任监察人，理论上，任何非家族成员都可以担任家族信托的监察人，但设立家族信托监察人的目的是为了更好地实现委托人的信托目的，建议由熟悉家族法律事务管理的律师及熟悉家族资产管理业务的会计师担任更为合适。非家族成员监察人主要适用于家族信托财产与事务管理较为简单的情形。

家族成员监察人是指由家族成员担任监察人，理论上，任何家族成员都可以担任家族信托的监察人，但除委托人外，由其他任何的家族成员担任监察人都可能会面临较大的代理风险和潜在纠纷，因此，建议由家族理事会担任家族信托的监察人。在家族财富及事务管理较为复杂的情况下，通过一定程序推选出来的家族治理机构来担任家族信托监察人，是一种比较明智的选择。

## 二、家族信托监察人的设立与变更

### （一）家族信托监察人的设立

如前所述，家族信托的存续期通常较长。基于该特点，家族信托监察人的设立方式分为两种：一种是委托人在设立信托时制定相应的监察人规则，包括信托监察人选任、更换、辞退、监察人委员会议事规则等，随即由监察人行使相应职权；另一种是委托人在设立信托时作出权利保留，由其自行担任监察人角色，并在其年老或身体状况不济而丧失行为能力时，再由选任的信托监察人行使相应职权。

然而，各国信托法律法规虽未禁止委托人自己担任信托监察人，但信托监察人的角色由委托人自己担任仍然存有一定程度的风险，例如，导致税务机关或委托人的债权人否认信托效力等。通常来说，委托人在信托文件中所作出的权利保留越大，其自身担任信托监察人的风险越高。此外，家族信托监察人委员会的成员完全由委托人亲友来担任，并不一定是明智的。因为此种做法可能会被认为是委托人设立虚假的监察人，或委托人变相担任信托监察人。

### （二）家族信托监察人的变更

家族信托监察人在无法履行职权或履行职权过程中出现严重失职等情况时，需要对监察人作出变更。

因家族信托监察人一职本就属于信托监督型职责，故不宜再设置针对监察人的监督人一职，监察人变更权一般由委托人行使。在家族信托设立或运作过程中，信托文件一般都会就监察人选任及变更事宜做出规定。因此，信托运作期间，一旦信托监察人变更条件触发，需按照监察人变更程序进行人员变更。

## 三、家族信托监察人的权利与义务

### （一）家族信托监察人的权利

家族信托中监察人的指定一般是选择性的，监察人的选任规则、权利范围等会因信托目的、方案设计人的不同而表现各异。根据一些国家、离岸地的信托法律规定及家族信托实践，家族信托监察人的权利可以概括为监督受托人的权利、监督信托运营情况的权利、报酬与补偿请求的权利以及其他权利。

1. 监督受托人的权利

家族信托监察人设立的主要目的是监督受托人职责履行情况。因此，家族信托监察人在这方面享有的权利范围较为广泛，主要包括以下三种。

（1）对家族信托受托人出任情况进行干预。受托人违反信托目的处理信托事务或在对家族信托财产的管理、经营、处分过程中有重大过失的，家族信托监察人有权依照信托文件的规定对受托人进行解任、更换并重新指定，或申请法院对受托人进行解任、更换并重新指定。

家族信托监察人在监督受托人履行职务过程中，认为受托人不能胜任职务或认为有必要时，可以增加或撤换受托人。在受托人丧失行为能力、破产、解散或辞任等不能继续履行职责的情况下，家族信托监察人有权依据信托文件的规定指定新的受托人。然而，为了防止利益冲突，家族信托监察人不得指定自己担任信托受托人。

（2）对家族信托受托人决策情况进行干预。除信托文件中委托人作出权利保留情形外，受托人可以在信托文件的约束下，制订信托投资计划或管理方案。然而，根据信托法律法规的要求，受托人必须按照信托文件的规定和审慎性原则进行投资。因此，受托人通常不得或不敢进行风险较大的投资。但是高风险通常伴随着高收益，为了信托的利益，信托文件可以授权信托监察人同意、批准或否决受托人进行的此类投资方案。经家族信托监察人同意或批准的投资方案与计划，可以进行实施操作；而被家族信托监察人否决的投资方案与计划，则不可以进行下一步实施。

此外，当家族信托委托人为多数时，多个受托人共同处理家族信托事务，若出现意见或决策不一致的情形，也应当在征得家族信托监察人的同意后方可确定方案并实施。

（3）对家族信托受托人薪资情况进行干预。基于多方面因素的考量，家族信托中有很大一部分设立在境外离岸地，持牌信托公司或私人信托公司作为受托人会收取一定的报酬。但是对于受托人报酬收取的方式、数量，委托人可能无法清楚地了解，也无法在信托设立后实时监督报酬收取情况。因此，在委托人的授权下，家族信托监察人有权决定并监督受托人的报酬收取情况。受托人要求提高报酬标准的，监察人有权根据情况予以批准或拒绝。如果监察人认为受托人的报酬因情势变更而需要调整，也可自行或请求法院调整相应数额。

2. 监督信托运营情况的权利

家族信托监察人监督信托运营情况，实际上是对整个信托的管理、经营、方案实施情况进行全面监督，保证家族信托的顺利存续。在此方面，家族信托监察人的权利具体包括以下三种。

（1）知悉权。家族信托监察人的知悉权是指监察人可以定期或根据需要随时了解、检查有关信托财产的管理、运营、处分情况、家族信托收支情况、影响受益人权益的情况、重大事项计划及收支预算情况等，并有权要求受托人对决策或管理行为作出相应的解释说明。具体而言，家族信托监察人有权查阅、抄录或复制与信托财产有关的信托账目、信托受益分配情况以及处理信托事务的其他文件，并请求受托人就此作出相应说明。受托人的解释和说明不能令家族信托监察人信服的，信托监察人可以要求对信托账目进行审计。

（2）变更权。家族信托监察人在委托人的授权下，享有对信托文件进行变更的权利，具体包括变更信托准据法的权利、变更信托条款的权利以及变更信托设立地的权利。

第一，变更信托准据法的权利。家族信托设立时，往往会依据当时的情况及特定目的（如避税等）确定一个信托设立地和准据法。然而，随着时间的推移，信托目的或情势可能会发生变更，导致该特定目的难以实现。此时，家族信托监察人可以决定改变家族信托的准据法。在某些情况下，监察人可以只决定信托的管理适用某个司法管辖区的法律，信托的其他有关事项则适用其他司法管辖区的法律。这类信托条款，在实践中被称为逃逸条款（flee clauses）。

第二，变更信托条款的权利。为了确保家族信托在长期延续过程中能够灵活适应不同的情势，委托人在设立家族信托时可以授予信托监察人变更信托条款的权利。因此，在信托文件规定的情形下，家族信托监察人可以根据实际情况变更相应的信托条款，以更好地实现信托权益。

第三，变更信托设立地的权利。在家族信托设立信托时，委托人可以在信托文件中授权信托监察人在情势变更或认为必要的情况下，有权决定将信托由当前设立地转移到另一个司法管辖区，或根据信托实施的情况，决定将信托资产从设立地转移到其他地区，以更好地实现家族信托的运作、管理和延续。

（3）撤销与损害赔偿请求权。由于受托人违反家族信托目的与信托文件的约定而处分信托财产或违背信义义务处分信托事务导致家族信托财产受到损失的，信托监察人有权向法院申请撤销受托人的处分行为，并有权要求受托人恢复信托财产原状或予以赔偿，以保护整个家族利益。

在受托人将家族信托财产据为自有财产，或于信托财产上设定或取得权利从而导致信托财产受到损失时，除法律或信托文件明文许可外，监察人有权请求受托人赔偿信托财产损失或恢复原状，并且请求减免该受托人的报酬，还可请求将其所得的利益归于信托财产，当受托人有恶意时，应要求附加利息一并归入。受托人因管理不当致使信托财产发生损害或违反信托目的处分家族信托财产时，信托监察人有权请求受托人赔偿信托财产所受到的损害或恢复原状，并有权请求减免该受托人的报酬。受托人未将信托财产与其自有财产及其他信托财产分别管理或信托财产为金钱时，未分别管理或分别记账，并因而获得利益者，信托监察人有权请求将其所得利益归于信托财产，如果信托财产因而受到损害，则监察人有权向该受托人请求损害赔偿。

3. 报酬与补偿请求的权利

（1）报酬请求权。信托监察人的报酬请求权并非强制性规定，因此，只有在信托文件有相关约定时，信托监察人才能行使报酬请求权。在家族信托监察人可以请求报酬的情形下，就其数额有下列两种确定方式。

第一，依照家族信托文件约定。按照私法自治和契约自由的原则，如果信托文件有约定，则按照信托文件的约定数额来确定家族信托监察人的报酬。信托监察人的报酬经信托文件确定之后，因订立后的情势变更需要调整的，委托人、信托监察人、受益人或同一信托的其他信托监察人可请求法院增减相应数额。

第二，法院进行酌定。如果家族信托文件并没有对监察人的报酬数额进行约定，在信托监察人向法院请求酌情给予报酬时，法院可以依据信托监察人职责履行情况及信托实际运行状况，给予监察人相应数额的报酬。

（2）补偿请求权。家族信托监察人是为了受益人的利益而设立的，因此，监察人为了受益人及家族利益履行职务的费用和由此造成损害的补偿请求权可类推适用信托受托人的规定，允许信托监察人请求这两类费用补偿。费用支出补偿请求权行使的方式有三种：第一，就信托财产求偿；第二，向受益人求偿；第三，拒绝交付信托财产。监察人因行使职权所受损害的补偿请求权的行使情形与费用支出补偿请求权情形相同。如果家族信托监察人在执行职务时有过失，法院可以减轻受益人赔偿金额或免除其补偿责任。

4. 变更受益人或受益规则的权利

家族信托监察人在委托人或信托文件的授权下，可享有一定程度的自由裁量权，以增加或减少家族信托受益人或变更信托受益规则。尤其是在家族信托运行了较长时间出现情势变更情况时，监察人可根据当时的实际情况对受益人及受益规则作出调整或变更。

家族信托监察人可享有的权利不限于前文所列项目，还可能包括其他方面的权利。但在具体的家族信托中，监察人所实际享有的权利也并非包含前文所列的全部权利，而是要根据离岸地法律法规的要求及家族信托委托人的具体授权来确定。

（二）家族信托监察人的义务

家族信托监察人虽然不是信托关系当事人，也不像受托人一样负有管理信托财产的职责，但其为了保护受益人的权益及信托财产，接受委托人授权后，应当履行相应职责和义务，否则势必造成对信托利益及受益人权益的侵害，从而违背了设立家族信托监察人的目的。

家族信托监察人的义务通常由信托当事人在设立家族信托时于相应的信托文件中约定。因此，信托文件同样是家族信托监察人权利义务的主要来源和依据。一些英美法系国家或地区的信托法律规定是对信托文件的补充，只有在信托文件没有规定的情况下，才予以适用。

1. 信义义务

信义义务（fiduciary duty）是源自信义法（fiduciary law）的概念，通常指受益人对受信人施加信任和信赖，使其怀有最大真诚、正直、公正和忠诚的态度，为了前者最大利益行事。信义义务要求受信人除非得到相反的授权，否则不得利用其所处的地位牟利，也不得把自己置于自我利益和信托利益可能发生冲突的地位，如果受信人已处于这样的境况，他必须首先考虑自己的义务，其次再考虑自己的利益。同时，除非得到相反的授权，受信人也不得使自己处于另外一个敏感的位置，即有可能使他对某个或某群人的义务，与他对另一个或另一群人的义务发生冲突，如果他已经处于这样的境况，他不能倾向于某方而忽略了另外一方，且在通常情况下，受信人必须停止代理任何一方。

就家族信托监察人而言，其所负有的信义义务具体包括注意义务和忠实义务，一是信托监察人应以善良管理人的注意而为之；二是信托监察人必须为受益人诚实且公平地执行职务。

(1) 注意义务。所谓注意义务，是指应像一个谨慎的常人一样行事。依民法原理，根据行为主体不同，有三种不同的注意义务标准（或谨慎义务标准），即普通人的谨慎义务、同等谨慎义务、善良管理人的注意义务。大陆法系一些国家和地区的信托法规定，信托监察人执行职务时，应以善良管理人的注意为之，例如我国台湾地区"信托法"第54条的规定。以"善良管理人之注意"标准来规范信托监察人的监督和管理，可以避免其监督和管理沦为任意性、一般性的监督和管理，有助于确保信托受托人真正、有效地履行各种受托人职责。

家族信托中，委托人会聘请专门的信托机构作为受托人，并聘请专业投资机构或人员担任投资顾问。而设立家族信托监察人（委员会）是为了更好地保护家族信托财产及受益人的权益，因而监察人的注意程度应当比普通人更高，才能对这些专业机构与专业人员进行有效的监督，从而更好地保障受益人的权益及家族信托的持续运作。

(2) 忠实义务。忠实义务的核心规则是"禁止自我交易"，即禁止信托监察人与受托人所管理的信托财产之间的交易。此外，一旦信托监察人的自身利益与信托财产的利益发生冲突，信托监察人必须以信托受益人的最佳利益为重。

家族信托监察人（委员会）是为了保护受益人权益而设立的，必须为了受益人的最大利益行使监督和管理信托的职权。依据信托的性质，信托利益只能由家族信托受益人享有，因而监察人行使职权，只能是为了受益人的权益，而不能是为了自己或其他第三方的利益。

2. 公平义务

家族信托的受益人通常为多数，因此，信托监察人在行使职权时必须公平地兼顾每个受益人的权利。家族信托实务中，受益人的类型存在较大差别，包括成年受益人与未成年受益人、直系亲属受益人与非直系亲属受益人等，不同受益人的经济、健康等状况也不尽相同，这些受益人在信托财产上的权益可能会产生冲突，家族信托监察人的职权行使对不同类型的受益人会产生不同的影响，在有利于一部分受益人的同时会伤害另一部分受益人。因此，为保护受益人的权益，一些国家和地区的信托法规定，信托监察人须公平地对待不同的受益人，例如，日本《信托法》第133条第2款规定："信托监督人，应为受益人之利益，诚实且公平行使前条第一项之权利。"

家族信托监察人履行公平义务时，除保证受益人的利益分配公平外，还应平等地向各受益人报告家族信托事务，平等地对待各受益人对家族信托事务的查询，保障其知情权。

3. 保密义务

信托监察人不仅在家族信托关系存在期间履行保密义务，即使在信托终止之后，也不得将信托当事人及信托事务向第三人泄露。此外，家族信托监察人也不得在今后利用其所知晓的秘密胁迫委托人、受益人，或同委托人、受益人进行不正当竞争。

4. 亲自代理义务

家族信托监察人是经委托人指定或经由相应规则选任的特殊角色，应当亲自履行其职责，其专业能力及人格均受到了委托人信任与认可。因此，除信托文件另有规定外，一般不允许家族信托监察人转委托。

### 四、我国法律环境下监察人制度设计

我国《信托法》自 2001 年颁布以来，未曾进行过修改。而该法仅对公益信托监察人做出了相应规定，在私益信托领域却并未作出任何与监察人相关的规定。当前，在我国境内设立家族信托中确立监察人制度，有两种方式可以选择：一是在信托文件中约定监察人的权利义务；二是以共同受托人的形式设立监察人。

#### （一）在信托文件中约定监察人的权利义务

尽管我国《信托法》中并没有规定监察人制度，但同样对此没有禁止性规定。因此，可以选择在信托文件中约定由某个第三方对受托人进行监督，根据实际需要赋予该第三方相应的监察人权力。

通过这种方式设置监察人，能够在信托文件中最大限度地将委托人所希望赋予监察人的权力和希望其实现的功能作出规定。但这种方式会面临一定的法律风险，尽管《信托法》没有对监察人作出禁止性规定，信托合同也不会因为约定了监察人而被认定无效，但由于我国信托法没有承认监察人这一设置，在监察人与受托人或受益人发生纠纷之后法院是否会认可信托文件中对监察人的约定尚存不明。法院有可能基于受托人或受益人的请求将对监察人某些权力的规定认定为

无效，且由于监察人的权力与受托人有较多的重合，其还有可能面临被法院认定为共同受托人的风险。因此，在我国法律框架下直接设立监察人面临一定的风险，尽管这种风险并不会使得信托本身受到损害，但会使得设置监察人的目的落空。

### （二）以共同受托人的形式设立监察人

我国《信托法》第31条规定了共同受托人的制度："共同受托人应当共同处理信托事务，但信托文件规定对某些具体事务由受托人分别处理的，从其规定。共同受托人共同处理信托事务，意见不一致时，按信托文件规定处理。"

基于该条规定，可以设置共同受托人，分为第一受托人和第二受托人，约定一般性事务特别是信托财产的管理等由第二受托人进行处理，第一受托人无权直接管理信托财产；而涉及确定受益人、向受益人分配财产等事项时，则由两个受托人共同处理，意见不一致时，以第一受托人的意见为准。通过信托文件规定不同受托人不同的权力和限制的方式使得第一受托人实际上扮演监察人的角色，第二受托人作为传统意义上的受托人。

这样做的优点是将监察人纳入我国信托法的框架，法律风险大大减小。相比而言，不设监察人的做法也能缓解委托人对于受托人的担心。同时，根据我国《信托法》的规定，共同受托人对外应承担连带责任，这对监察人来说，在增加了其风险的同时也加强了其受托义务。但这种方式并不能完全实现监察人的全部权力，例如，作为共同受托人的监察人更换其他受托人、终止信托等权力可能会受到限制。另外，作为自然人的监察人与信托公司作为共同受托人虽然在理论上可行，但在实践中是否会遇到监管障碍尚存在疑问。

# 第四章　家族信托的管理

## 第一节　家族信托管理概述

家族信托设立后,在信托存续期间面临着各类信托运作事项,会发生各种始料不及的事情,这些事项可能导致信托受托人不再适合管理家族信托事务或导致财产管理方式需要进行变更,甚至有些事项能够触发委托人撤销信托的条件从而导致家族信托终止等。无论是发生以上何种事项,对家族信托的影响都是巨大的。因此,在信托设立后,为了保障信托目的的实施、维护信托当事人的权益不受损害,对家族信托进行积极的管理是十分必要的。

### 一、家族信托管理主体

尽管家族信托在设立后,家族信托财产主要由信托受托人管理,但是为了保障信托目的的实现,信托中其他当事人也具有信托管理的主体法定或者议定权利。

1. 委托人的管理

虽然信托财产在信托设立后,已经独立于委托人。但是信托的目的是为了实现委托人的意愿,因此,信托设立后委托人依然是信托中重要的当事人,理应具有相应的管理权利。例如,在可撤销信托中,委托人保留了撤销信托的权利。委托人也有权利更换受托人等,但要注意的是,委托人保留过多的权利,会影响信托的独立性,降低信托风险隔离的效果。

2. 受益人的管理

受益人是信托运作的直接受益方，其享有法定的信托受益权。受益人享有的信托受益权与受托人对信托财产负有的管理职责构成了信托法律关系的主要内容，这就决定了信托受益权的行使是家族信托存续期间监察人管理的一个重要事项。受益人能够正确、恰当地行使其享有的信托受益权，监察人在很大程度上决定了家族信托能否顺利运作以及信托目的能否顺利实现。

3. 监察人的管理

对于信托监察人的具体含义，目前尚未有统一的结论，但各司法管辖领域对信托监察人的规定普遍都包括：信托监察人拥有很大的权利，可以解除和替换受托人或增加受益人，修改或终止信托，对受托人的一些建议进行否决等。在家族信托中，根据信托目的及信托契约的规定，监察人同样可以享有广泛的权利对信托行使保护、监督的职权。在此过程中，家族信托监察人均是以自己的名义行使这些权利，而非以受益人或其他主体的名义行使。

## 二、家族信托管理客体

横向来看，家族信托管理运作过程中主要包括两类内容：财产管理与事务管理。家族信托财产管理即是从整体上制定投资政策以及对具体的信托资产管理方式进行规范及约束，使受托人及其他各方能各司其职，按照约定事项行使职权。具体而言，家族信托的财产管理包括家族信托财产投资政策的制定与执行、家族信托资产管理等内容。而事务管理类信托业务主要是利用信托权益重构、风险隔离优势，为委托人提供的信托事务管理服务并获得收益，具体的家族信托事务管理服务包括家族与家族企业治理、股权管理、受益权管理、信托利益分配、家族子女教育等方面。

除此之外，家族信托运作的相关主体除了本书第三章所述的信托当事人外，还有另外一个重要的角色——家族信托保护人（监察人）。信托保护人制度起源于离岸信托，目的是对信托运作的各类事项进行监督与指导，保护受益人的权益。而家族信托的存续期一般较长，委托人即使在家族信托文件中作出了权利保留，但其对家族信托运作的监督权也会因其身故而丧失。因此，家族信托保护人或保护人委员会在其中能够发挥重要的作用，为家族信托的长久运作保驾护航。对于资产规模较大、结构复杂的家族信托，则有必要设立家族信托保护人委员会，对家族信托的具体运作事项履行监督职责。

## 第二节　家族信托的财产管理

家族信托的主要目的是实现家族财富的保全与传承，因此，家族信托财产管理的重要性不言而喻。家族信托财产管理制度即是从整体上制定投资政策以及对具体的信托资产管理方式进行规范和约束，使受托人及其他各方能够各司其职，按照约定事项行使职权。具体而言，家族信托的财产管理包括家族信托财产投资策略的制定与执行、家族信托资产管理等内容。

### 一、财产管理方式

家族信托的财产自信托成立后便交由受托人进行管理运用，由受托人根据信托目的即投资理念进行多元化投资，以减少投资的不确定性。这就要求受托人制订相应的投资策略与方案。为了提高信托收益并更好地利用信托财产，有些家族信托委托人聘请了专门的投资机构作为家族信托投资顾问或信托财产管理人，由其根据家族信托的具体财产形态、数额等情况制订出更加合理的投资策略及方案，再交由受托人具体执行。家族信托的投资策略应当对信托财产的资产配置、投资方向、投资比例、投资决策等方面作出详细规定。

通常情况下，受限于委托人对于财富保全及传承的要求，对于家族信托的各类资产，财务顾问及信托财产管理人在总体上应采取较为稳健的投资策略。总体来说，可先采取较为稳健的固定收益类投资方式，然后再根据信托文件及委托人的具体要求适当增加风险类投资配比，即优先实现家族信托财富保全与传承的目的，再去考虑获得更多的收益。

### 二、家族信托财产管理内容

根据信托财产形态的不同，家族信托可分为资金家族信托、股权家族信托、动产家族信托与不动产家族信托。而针对这些不同种类的家族信托，相应的资产管理方式也会有所区别。

对于资金家族信托而言，信托资产的管理人可以由信托公司、商业银行、第三方理财机构担任，从而发挥此类机构各自在资金管理方面的专业能力。资金管理的方式较为灵活，可进行多样化的投资，例如存款、购买债券、购买保险产品等。无论选择何种投资工具管理家族信托资产，均须符合家族信托目的及前述制定的相应投资策略。

对于股权家族信托而言，管理人需要根据委托人的要求进行相应的股权管理，具体包括处分股权以获取相应的收益、行使股东表决权等。股权家族信托中，信托资产管理的目的主要在于对家族企业进行控制，并防止家族后代争夺家族企业控制权导致企业经营困境。

对于不动产家族信托而言，因为信托财产的特殊性，其资产管理的方式不如资金家族信托的资产管理方式广泛、多样，但不动产具有其特有的管理方式。也正因如此，不动产家族信托的财产管理人一般由相应的不动产管理专业人士担任，以便能更好地开发利用该信托财产。此类机构主要包括土地开发机构、房地产开发经营公司以及房地产行纪机构。不动产家族信托的具体资产管理方式包括将不动产进行开发建设、出租、经营，并由此获得收益。然而，对于不动产处分的行为，还应当受到委托人在信托文件中所作出的意思表示的限制。

对于动产家族信托而言，委托人通常并非想让受托人或资产管理人将用以设立信托的动产进行处分，而是将其保藏并加以利用，在家族成员间传承。因此，管理人与受托人在对动产进行管理时，应当发挥各类动产的价值，在满足资产保全与传承要求的前提下，再以此获取信托收益。具体而言，可以为该动产提供适宜的条件进行保管、储藏，在此基础上出租、展览以获得收益。

### 三、专业管理与亲自管理义务的关系

受托人承担的基本义务主要有注意义务、忠实义务、亲自管理义务、分别管理义务、依照信托文件处理信托事务义务、记录和说明义务等。受托人亲自管理义务是指受托人受信赖关系的约束，亲自、直接管理信托事务。因为信托是委托人基于对受托人的信赖而设立，具有较强的人身属性，受托人受人之托，忠人之事，除非有特别情形，对受托事务应亲力而为是信托的应有之义。但是，无论在理论上还是实践中，该义务的行使方式都存在弊端，因为现代商事信托的信托事务数量庞大，所涉领域广泛且交叉复杂，受托人既缺乏独立高效完成的能力，又缺少执行特定信托事务所需的专业知识和技能。家族信托的受托事务本身就有复

杂化、专业化及大量化的特征，单就家族信托资产中的货币资产来看，就包括现金、股票及其他有价证券等，如果仍然坚持由受托人亲自管理信托事务，将影响受托人管理信托事务的灵活性，从而不利于家族财产管理的效率与质量，因此，信托受托人的亲自管理义务并非狭义的包办一切事物。

如在英国，因采用审慎投资人法则的理念，自己管理义务之传统规范模式才发生原则与例外的巨大互转——受托人在不违反注意义务的情况下，可授权第三人代为处理信托事务，而不再坚守传统信托法之自己管理义务。日本《信托法》则规定，受托人在下列情形下可委托第三人处理信托事务：（1）信托行为中规定有将信托事务委托或可以委托给第三人处理的；（2）信托行为中虽无委托第三人处理信托事务的规定，但委托第三人处理信托事务本身符合信托目的，被认为是妥当的；（3）信托行为虽规定不得将信托事务委托第三人处理，但认为委托第三人处理信托事务，符合信托目的，系出于不得已之情由。日本新《信托法》已经放松对受托人亲自管理原则的限制，原则上受托人享有选任第三人代为管理信托事务的自由。

## 第三节　家族信托的事务管理

家族信托实务中，除了信托财产管理以外，还涉及信托事务管理。如前文所述，事务管理类信托业务主要是利用信托权益重构、风险隔离优势，为委托人提供信托事务管理服务并获得收益，具体的家族信托事务管理服务包括家族与家族企业治理、股权管理、受益权管理、信托利益分配、家族子女教育等方面。

### 一、家族与家族企业治理

家族信托的委托人往往是以家族企业发家，逐步扩大自己的资产。在东方文化中，儿孙满堂是家族兴旺的象征之一，西方文化往往也鼓励家族能够增加成员。而家族人数的增加，势必会导致对家族治理的需求增强。否则，在关系错综复杂且治理不善的家族中，家族成员明争暗斗、争夺控制权的情况随时可能发生，这无疑会影响整个家族的发展和延续。与此同时，随着家族扩大而不断发展的家族企业也同样面临着如何更加有效治理的问题。

对于以上问题，委托人可以通过家族信托文件将家族与家族企业治理同家族信托进行关联。例如，在信托文件中作出此类规定，积极参与家族治理及家族企业治理的家族成员，除获得一般的受益权外，还可以根据其参与治理程度给予相应的额外受益权。当然，具体的制度设计是一项非常复杂的工作，需要结合委托人的意愿及家族实情，进行个性化定制，从而实现家族治理及家族延续的目的。

完善的家族治理制度应当包括家族宪章的制定与家族治理结构设计，而家族治理结构设计又包括家族大会、家族理事会、家族办公室的设立及制度安排。

关于家族企业治理，委托人在设立信托时，可以在信托文件中保留相应的控制权，并规定将家族企业董事选任权交由家族理事会。由此便可将家族企业的控制权交由家族成员来行使，防止出现家族企业控制权流失的风险。当然，家族企业控制权若完全由家族成员来掌控同样会存在弊端，例如，家族成员对企业管理并不擅长，则可能导致企业衰败等。对于此类情况，家族理事会可以外聘一些在家族与企业管理方面具有优势的专家顾问团，在选任家族企业理事时由其提供专业性意见，以帮助家族成员对家族企业进行更好的治理。

## 二、家族企业控制权管理

委托人的家族财富中，除现金资产外，其所掌握的股权（或股份）占了相当大的比例。委托人将股权信托给受托人并设立股权信托，可能包含两层目的：一是希望通过受托人的专业能力，由受托人将股权（股票）进行管理、处分，并继而再投资于其他公司股权，以此实现家族财富的不断增值，而非对所持股的公司进行长久的控制和管理；二是委托人将公司（尤其是委托人创立的家族企业）的股权信托给受托人后设立信托，由受托人代为行使表决权、处分权等股东权利，注重对公司的管理及治理。具有前述第一种目的的信托为投资型股权信托，此种信托与以股权为投资方向的资金信托差异并不大；具有第二种目的的信托才是真正的事务管理型信托，也称管理型股权信托。美国的表决权信托即是典型的管理型股权信托，制度创设于19世纪60年代，此后经过反复实践及调整后日趋成熟。所谓表决权信托即是委托人将其持有股权的表决权通过信托交由受托人行使，在此过程中，委托人或其指定的其他人还可以作出指导受托人如何行使权利或权利保留决定。

在家族信托实务中，信托通常会设立于税赋较低的离岸区域，而受托人则为当地的持牌信托公司或私人信托公司。若选择私人信托公司作为受托人，其通常也是委托人的家族成员所设立，并由家族成员在该私人信托公司中担任董事等管理性职务。委托人将自己所持有的家族企业股权信托转移给受托人后，受托人便掌控相应股权的控制权，并以受托人自己的名义对相应的公司进行管理和控制，由此便可在不丧失对家族企业控制权的前提下，实现股权利益的传承。当然，委托人也可能成立消极信托，即将股权信托转移给受托人后，受托人仅负有名义持有的义务，股权的权利行使及管理则由委托人或其授权人员来进行，此时所设信托仅起到了集中股权的作用。

## 表决权信托的成立生效

为充分发挥信托在股权管理方面的作用，部分地区允许将公司股份的表决权和收益权剥离，以表决权作为信托财产成立表决权信托。

在美国，州法律一致承认，可以对表决权进行信托，法院态度也很宽容，虽然对表决权信托的态度有了根本性的转变，虽然允许表决权成为信托的客体，但是，就某一表决权信托的成立，应当符合以下要求。

（一）采取书面形式

对于表决权信托，一般法律规定必须采取书面文件形式。例如，美国《示范公司法修正本》第7.30条（a）项；《特拉华州公司法》第218条（a）项；《纽约州公司法》第621条（a）项都要求表决权信托必须采用书面形式。这是为什么呢？主要原因有：其一，表决权信托内容比较复杂，要求有确定性。就一般的信托而言，英美法系国家的信托明确要求信托行为的内容具有确定性。同样，在表决权信托中也是如此。其二，表决权信托合同往往是股东单方面转让表决权，并不要求受托人支付对价。这就要求当事人对订立合同有一个明确的认识，法律要求采用书面形式有利于当事人对订立合同采取更为慎重的态度。其三，信托在运行过程中存在着强制履行的可能性和必要性。因为这种强制履行又必须以作为信托内容的这些规定为直接依据，所以这些规定自然应当具有确定性。其四，信托期限也比较长，一般为10年。在这10年间会发生许多变化，包括社会生活和经济生活，这需要当事人之间对各方的权利有明确的约定，以免产生不必要的纠纷。

（二）期限

1. 表决权信托合同的期限

在美国，表决权信托合同的存续期一般不得超过10年。美国《示范公司法修正本》第7.30条、《特拉华州公司法》第218条、《纽约州公司法》第621条都规定表决权信托不得超过10年。其实，对信托规定存续期间也是英美法系的传统。英美法系国家的信托法均要求股东必须为私益信托规定存续期间。而且为加快民事流转关系，衡平法确立了违背"禁止永久权规则"的信托归于无效的规则。所以表决权信托合同不宜过长。在美国，对于存续期限超过10年的表决权信托的法律效力，不同的州有不同的规定。有些州认为，其存续期限超过10年的部分无效，但是该信托在10年仍然有效。还有些州采取的立场是，未在其内容中将期限限定为10年的表决权信托无效，因为它不符合法定要求。根据《示范公司修正本》第7.30条，一项信托如果未包含明确的有关期限的规定，则只在10年内有效。在中国，目前还没有对表决权信托做出规定，也谈不上对表决权期限的规定。

2. 表决权信托合同的续订

在期限届满时，表决权信托合同自然终止。但若当事人仍想继续保持表决权信托关系，或欲使表决权信托期限达到10年以上的，当事人在约定的表决权信托期限届满时可以续订合同。美国《示范公司法修正本》第7.30条规定了延长表决权信托超过其10年最长期限的问题。有几个州的法律允许表决权信托在有效期限中的最后一年内加以延长。《示范公司法修正本》第7.30条采用了某种程度上更为简便的规则，即表决权信托可以在其有效期内的任何时间再延长10年，延长的期限自第一位股东签署延长协议之日起计算。当然，这种延期对所有同意延期的股东具有约束力；反对延期的人有权在原定的表决权信托期限届满之日收回其股份。

需要注意的是，如果在表决权信托期限届满后，表决权受托人继续行使表决权，股东也不表示反对，这是否表明股东用自己的行为来证明表决权信托关系仍然有效呢？这是不是一种默示行为呢？由于表决权信托合同是一种特殊的合同，往往涉及许多当事人，股东并不仅仅只有一个人。所以为避免产生纠纷，想延长原合同存续期的监察人，必须要在合同书上签字，以表明其同意延长，延长合同的效力只对签字人产生。也就是说，如果当事人不在原合同书上签字，这种默示行为本身并不能达到自动延长原合同期限的效力。这在美国《示范公司法修正本》第 7.30 条项和许多州的公司法中，例如《特拉华州公司法》第 218 条项、《加州公司法》第 706 条、《纽约州公司法》第 621 条项都有明文规定，在法院的审判实践中也是这样处理的。

（三）登记与公示

根据美国示范公司法，股东将股票交给受托人，并在公司股东名册上登记此事，并注明"表决权信托"字样。这样，受托人便是公司记录文件（recorded data）上的股东。公司则发给受托人新股票，股票上通常载有记号（以免股份流入恶意购买者之手），同时，受托人签发表决权信托证书交给股东。表决权受托人必须准备一份在表决权信托中有受益权人的名单，名单中要开列他们的姓名、地址以及上述受益权所有人转让给受托人的股票数量和类别，并将该名单及协议副本交存公司总部。这些文件可以供股东查阅。当从属于信托组织的第一张股票以信托组织名义登记时，该投票信托组织便生效。这就是表决权信托的登记公示。表决权信托的登记与公示具有重大的意义。其一，登记与公示为表决权信托的变动提供法律基础。表决权信托的登记，对表决权信托人而言，是其表决权信托获得法律承认的过程，也是其权利获得法律保护的基础。根据美国示范公司法第 7.30 条的规定，"当从属于信托组织的第一张股票以信托组织名义登记时，该投票信托组织便生效"。可见，只有在登记时才发生表决权信托变动的后果，未经登记，法律不认可发生了表决权信托变动。其二，对持续不断的权利交易而言，提供客观公正的保障。这是因为法律行为仅仅是当事人自己的意思表示，但这种意思表示的后果，即表决权信托的变动却要发生排他的效力。既然要发生排他的效力，就应依一种公开的方式表现出来，使得人们从这种表现方式上知道在该股份上有表决权信托存在。也就是说，让人们知道该表决权存在排他性，以此来消除该股份交易中的风险。登记公示所提供的信息具有普遍信服的公信力，这为股权交易提供了安全保障。

资料来源：华律网，2012。

## 三、受益权管理

家族信托受益权关系到家族成员能否取得及如何取得信托利益的问题。因此，受益权管理同样是家族信托财产管理中的重要内容，其主要包括家族信托受益权的取得、放弃、变更及信托利益分配等内容。

### (一) 受益权的取得

受益权的取得是进行家族信托受益权管理的基础，因此，受益人何时取得家族信托受益权对受托人与受益人均有重要的意义。家族信托受益权取得的方式包括原始取得与继受取得。

1. 受益权的原始取得

家族信托受益权的原始取得，是指家族信托设立时即取得受益权的情形。因为家族信托的受益人多为委托人及其配偶、后代、近亲属等家族成员，家族信托受益权多在家族信托设立初始即已确定，因此，受益权的原始取得是家族信托受益权取得的最主要方式。

如前文所述，家族信托是委托人为了受益人的利益而发起设立的，受益人仅为信托关系当事人而并非家族信托合同的主体，故在家族信托有效成立前，信托受益权尚不存在。因此，家族信托受益权的原始取得需以家族信托有效设立为前提。此外，家族信托受益权的取得，不以受益人承诺为要件，也不以通知受益人知晓为要件。如前所述，受益人仅是信托关系当事人而非家族信托合同当事人，受益人的意思表示对信托是否成立并不造成影响。家族信托受益人对于信托是否成立始终是被动的，信托生效后，确定的受益人自动取得受益权。而在家族信托实务操作中，委托人在设立信托时可能仅列出受益人的范围及条件，符合要求的受益人在信托设立时尚未出生，但待其出生后同样享有受益权。

2. 受益权的继受取得

家族信托受益权的继受取得，是指在家族信托存续期间，原本不享有受益权的人通过家族信托委托人、受托人或保护人重新指定或受益权受让等方式而取得受益权的情形。家族信托运营过程中，会出现各种各样的情形，而这些情形往往是在家族信托设立时各方均未预料到的。此类情形中，一些原本未取得受益权的家族成员可能因为符合一定条件而会被委托人或保护人纳入受益人范畴，从而取得受益权。委托人设立家族信托时，出于对家族财富的保护、约束受益人等目的，通常会在家族信托文件中作出受益权不得转让的规定。因此，家族信托受益权的继受取得主要是指委托人或保护人重新指定受益人的情形。

委托人或保护人另行指定受益人的行为，应当受到委托人在家族信托文件中所作权利保留的限制，即如果家族信托委托人保留了重新指定受益人的权利，方可以重新指定受益人享有家族信托受益权。如果委托人保留了变更受益人的权利，则委托人可于受益人生存期间剥夺其受益权，另行指定他人享有。此外，家族信托委托人可以在信托文件中授权信托保护人在自己身故或无法行使此类权利时，由其行使该类权利，以便使家族信托能顺利地长久运行下去。

家族信托中委托人或保护人重新指定受益人，一般基于两种情形：一是基于法律的规定。以我国《信托法》为例，如果受益人对委托人有重大侵权行为，或者受益人对其他受益人有重大侵权行为，委托人则可以变更受益人，将受益人变更为其他成员。二是基于信托文件的规定。如果委托人在家族信托文件中保留了重新指定受益人的权利，则可以在特定情形下重新指定受益人。

在信托法律关系中，受益人权利的相对义务人是受托人，受托人负有根据家族信托文件的规定向受益人支付信托利益，接受受益人、保护人监督等义务。因此，在受益权发生变化时，应及时通知相应的义务人，即家族信托的受托人。在家族信托实践中，信托文件中常见"受益权转让未通知受托人或未在受托人处办理备案的，受托人仍视原受益人为该家族信托项下受益人，并向原受益人支付信托利益"的表述，其原因亦在于此。因此，家族信托受益人通过委托人或保护人的重新指定而取得受益权的时间，应为委托人或保护人的指定通知送达受托人之时。

### （二）受益权的转让与继承

各国信托法律法规一般都允许受益人对信托受益权进行转让。家族信托因为其设立目的的特殊性，委托人通常会在信托文件中对受益权转让作出明确限制，以禁止家族信托的受益人对受益权转让，或对转让行为设立严格的条件。综合来看，对家族信托受益权的转让进行限制的好处有：第一，保持家族凝聚力，防止家族成员以外的人牵涉进来；第二，防止受益人通过转让受益权获取利益并挥霍。

关于家族信托受益权的继承，则必须以委托人在信托文件中未明文禁止或作出其他规定为前提。家族信托中受益人通常为委托人的（直系）亲属，因此，受益人的法定继承人一般也属于该家族信托受益人范畴。

### （三）受益权的放弃

受益权是信托法赋予受益人的权利，受益人一旦取得受益权，委托人和受托人均不得任意变更、限制或剥夺其受益权，但信托法另有规定或信托文件另有约定的除外。这一规则对于家族信托同样适用，但受益人自身可以选择放弃其受益权。受益权作为受益人享有的一项财产性质的权利，受益人当然可以选择放弃。委托人没有权力将信托受益权强加于受益人，受益人不愿接受或已接受又主动放弃受益权的，应当允许。对此，美国、韩国、中国大陆及中国台湾地区信托法均作出了类似的规定。

家族信托实务中，受益人主动放弃受益权的情形较为少见，但某些情况下仍存在受益权需要受益人满足特定条件或履行某些义务的情形，如果受益人不愿积极满足该条件或履行义务，则可选择放弃该受益权。通常情况下，受益人自信托成立时或知悉自己获得受益权时即可行使放弃受益权的权利，也可在信托存续期间的任意时间点行使。需要强调的是，除了家族信托文件另有规定外，受益人放弃信托受益权应当采取明示的意思表示方式，否则其放弃信托受益权的意思表示将不发生法律效力。家族信托中受益权通常为不附加义务的权利，因此，对受益人放弃其受益权通常不会再附加限制。但如果家族信托文件规定需受益人承担信托报酬或管理信托事务所发生费用的，在该报酬或费用尚未支付时，受益人放弃其享有的信托受益权需要获得受托人的同意。

## 四、信托利益分配制度

信托受益分配是整个家族信托中的重要环节，因为使家族财富传承至后代是委托人设立家族信托的主要目的之一。而家族信托中的受益人往往人数众多，每个受益人的情况各不相同，信托收益分配不适宜采用"一刀切"的制度。以下将从各国信托法的规定切入，结合家族信托事件进行分析。

### （一）各国信托法的规定

英美信托法是以单独的受托人对多数受益人的情形为基础，通常将受益人区分为本金受益人、收益受益人或连续受益人，各受益人的信托利益的范围是确定的，对信托利益分配的原则不作出具体的规定，而允许当事人通过信托文件对各受益人应享有的信托利益作出约定。委托人可以在信托文件中规定受益人享有信托利益的具体数额、比例或范围，也可以根据情况来规定信托利益的分配原则及具体方法，同时授权受托人按照信托文件的原则和方法对受益人享有的信托利益数额进行明确；甚至还可以授权受托人自由裁量，由受托人根据信托目的自行确定受益人的信托利益分配方式及数额。

日本《信托法》和中国台湾地区"信托法"对受益人为多数情形下的信托利益分配原则并未作出明确规定。

我国《信托法》对共同受益人分配利益的原则作出了统一规定。《信托法》第45条规定："共同受益人按照信托文件的规定享受信托利益。信托文件对信托利益的分配比例或者分配方法未做规定的，各受益人按照均等的比例享受信托利益。"

### （二）家族信托实务做法

家族信托中，委托人通常在信托文件中对信托利益分配的原则、方法均作出周详的规定，因此，无论是按照英美法还是我国信托法的规定，均应当优先根据信托文件的规定分配家族信托利益。

#### 1. 信托利益分配方案

根据受托人享有的自由裁量权的多少不同，可以把家族信托分为四类，分别是一次性特别指示家族信托、持续性特别指示家族信托、概括性指示家族信托和结合指示家族信托。

（1）一次性特别指示家族信托直接规定信托财产如何分配，受托人无自由裁量权。例如，委托人在家族信托文件中规定把信托财产中的车给儿子、钻石项链给女儿，即属此类信托。

（2）持续性特别指示家族信托是指在一定期间内提供金钱或财产给受益人，受托人同样无自由裁量权的信托。委托人可以列出分配给受益人的金额或者分配所占信托财产的比例。

上述两种特别指示型家族信托的优点在于信托财产的分配由委托人完全掌控，信托财产什么时候分配、分配给哪些受益人，以及分配金额等均由委托人在家族信托文件中一一列明。此种分配方式的缺点在于，家族信托设立时，即使由专家帮助设计信托方案，也难免会出现未考虑到的情况和新的变化。尤其是对于希望长期存续的家族信托而言，未来的不确定性非常多，过于死板地设定信托的分配方式，将可能导最终的分配结果与委托人当初的愿望相违背。

（3）概括性指示家族信托赋予了受托人完全的自由裁量权，即受托人有权决定信托财产分配给哪些受益人、如何分配等，这种信托即属于自由裁量信托（discretionary trust）。具有以下优势：一是便于税务筹划。受托人可以按照最有利于减少税款的方式对财产进行分配。二是提供财产保护。在任意性信托下，受益人对信托财产并没有法律上的所有权，受益人的债权人不得对任意性信托中受益人的受益权进行追索，从而最大限度地保护受益人的利益。

然而，此类家族信托也存在一些缺点，例如，受托人的权利过大，需要通过制度设计限制受托人的权利，以保障受益人的利益。受益人不能要求受托人分配信托财产，则可能会出现某些受益人有需求获得信托财产，但受托人从全体受益人的角度考虑不分配的情况。

（4）结合指示家族信托是指在信托文件中既规定了特别指示，又规定了概括指示的信托。例如，委托人可以规定受益人每月能从信托中获得固定数额的基本生活费用，受托人也有权根据受益人的具体经济状况自行决定额外补贴的金额。结合指示信托既可以满足受益人的基本需求，又可以给受托人一定的自由决定权。

不同家族的资产数额、类型、分布等情形不尽相同，且同一家族信托中的受益人情况差异也较大，因此，落实到具体的家族信托利益分配时，应当结合家族资产状况及受益人实情，制订出合理的分配原则及方案，并可根据家族发展状况进行相应调整，而不能简单适用千篇一律或单一的分配方案。结合上述四种分配方案的优缺点，设立长期存续的家族信托（尤其是跨代家族信托），最好选择结合指示家族信托，或者根据不同情况分别设立多个信托。

2. 制订分配计划时需要考虑的情况

在设立家族信托之前，委托人都会考虑让谁成为受益人，在什么情况下受托人可以给受益人分配受托财产。然而，如何通过信托文件有效地传达自己的目的却并不容易。这项任务不仅仅是委托人把他的想法传达给起草信托文件的工作人员。为了实现这个目的，委托人必须明确：第一，有何种选择可以实现他的目的；第二，信托文件中所使用的语言真实含义是什么；第三，其他人是如何解释信托文件中的语言的；第四，当受托人尝试解释委托人意图时，选用的语言给受托人造成什么样的限制。因此，委托人需要花费更多的时间以保证受托人全部了解他的意图。

除此之外，委托人还应向受托人提出以下问题：第一，受托人是如何理解特殊的分配标准的？第二，受托人如果被授予任意分配权，他们是如何作出分配决定的？第三，当委托人要求受托人在分配时考虑受益人其他收入来源时，受托将会如何平衡各方利益？第四，受托人是否聘有分配顾问？

当委托人开始设立信托时，就应该考虑以下问题：第一，其希望受益人以何种方式获得分配？第二，在什么情况下，受益人可以要求受托人分配信托财产？第三，信托财产何时分配，有无优先权？第四，谁有权参与决定分配？第五，受托人如何估算受益人对分配的需求？例如，委托人可能会希望：首先，信托用于子女的大学教育，然而其不希望子女学医学，或者完成大学教育后继续攻读研究生；其次，信托用于使子女的生活更加舒适，但是又希望避免子女过度享受；最后，信托财产优先分配给配偶或子女，当第一层受益人的需求被满足后，才分配给其他受益人。总之，委托人应当首先认清自己的意图，其次了解受益人的需求。委托人把其评价体系和受益人需求向受托人表述得越清晰，受托人就越能提供更好的信托计划。

3. 信托利益分配标准

在设立任意性信托时，制定一个普遍适用的分配标准既能确保实现委托人的意图，又能约束受托人滥用其任意分配权。能够用于传达委托人意图的标准有很多，最广泛被使用的是"健康、教育、维护与支持标准"（即 HEMS 标准）。HEMS 标准通常指的是一种"确定的标准"，因为它明确了一个指标，运用这个指标能够决定对特定受益人作出何种分配是正确的。运用这一标准，委托人也可以确保在受托人的任意分配权和受益者需求之间达到平衡。

HEMS 标准的具体内容如下：第一，健康，通常包括医疗急救、精神治疗、心理治疗、健康护理等；第二，教育，通常包括学校教育、继续教育、兴趣培训、职业教育等；第三，维护与支持，即对受益人进行一定程度的生活维护及支持，包括定期的按揭付款、家族馈赠、合理的额外享受等。

当运用确定标准作为家族信托受益权分配标准时，应该注意在 HEMS 标准下每一条款的具体定义将会随着管辖权的不同而有所变化，因为这些定义是依据具体当事人在其司法管辖区下由当地可适用的制定法和判例法来规定的。

### 五、家族子女教育制度

子女教育是家族治理的重要内容，关系到家族后代的素质与水平。因此，作为家族长辈的委托人，在设立家族信托时，通常会考虑家族子女教育制度，并将其纳入家族信托事务管理的范畴。

前文提到的"HEMS 标准"被广泛使用，在该标准中，委托人可以详细规定根据子女不同成长阶段的教育情况来分配受益权，并给予其额外的信托利益。例如，子女在中小学阶段取得某类奖项则可获得额外受益权，或子女在名牌大学攻读了硕士、博士学位，则可获得相应的奖励费用。此种激励可以促进家族后代付出努力并接受更好的教育。当然，制定出具体的子女教育制度及激励措施是一件非常复杂的事情，需要考虑子女今后在受教育过程中可能遇到的各种情形。这就需要委托人在设立家族信托时与受托人、专业顾问共同商议，结合家族实情，拟订出一个较为完善的制度，并在信托运营阶段适时进行修正或完善。

## 第四节　家族信托的变更、撤销与终止

### 一、家族信托的变更

家族信托的变更，广义上是指家族信托目的、信托文件条款及信托当事人的变更；狭义上主要指家族信托文件条款的变更。委托人在设立家族信托时，对以后发生的事情无法完全预知，因此，信托存续期间若发生情势变更或委托人未能预料的事项，则适时变更信托在所难免。对于信托的变更，各国信托法的原则是，信托文件有规定的，依据信托文件的规定进行变更；信托文件没有规定的，大陆法系通常允许委托人直接要求受托人变更，英美法系则倾向于信托当事人向法院申请予以变更。

具体而言，信托目的发生变化通常意味着信托终止，重新设立一个新的家族信托。从这个意义上来说，变更家族信托目的不宜视为一般意义上的家族信托变更。而家族信托文件条款的变更可能涉及家族信托的各方面，但主要集中于信托管理方式条款。家族信托当事人的变更，理论上应当包括委托人、受托人以及受益人的变更，但一般委托人在设立家族信托后即退出信托关系，亦无变更的必要。因此，家族信托当事人的变更主要集中在受托人与受益人的变更方面。

#### （一）家族信托财产管理方式的变更

家族信托财产管理方式在信托设立时便规定在信托文件中，但此类规定主要是基于信托设立时的经济形势和背景制定的。而家族存续时间较长，在存续期内，经济与金融形势的变化可能会导致原有家族信托财产管理方式不再适应，特

别是随着财富投资工具的日益多样化，信托文件规定的管理方式可能不利于信托财产的保值增值。此时，家族信托的财产管理方式就需要进行适当的变更。

不管是英美法系还是大陆法系的信托法，基本上都将信托财产的管理方式作为信托文件的选择性内容，由信托关系当事人自行决定是否规定于信托文件中。总体来看，家族信托中信托财产管理方式变更的方法主要有以下两种。

1. 信托文件另有规定

信托文件规定家族信托财产管理方式的变更，大体可以通过以下三种方式：一是在委托人信托文件中作出相应的权利保留，明确其变更信托财产管理方式的权利，以便在需要的情况下自行作出变更信托财产管理方式的决定，更好地实现信托目的；二是委托人在信托文件中授权受托人，允许受托人在特定情形下或认为需要时，对家族信托财产的管理方式进行变更；三是委托人授权财务顾问、保护人等，允许其在特定情形或认为需要时，对家族信托财产管理方式、投资范围及比例进行变更。在家族信托实务中，委托人可以选择以上一种方式并在信托文件中明确约定，也可以选择两种或两种以上方式进行组合，例如，在信托文件中规定委托人与受托人共同决定投资配置。

2. 情势变更

家族信托设立后，可能发生当事人当初未能预料到的情形，从而导致信托财产的管理方式不符合要求。在这种情况下，不允许变更信托财产的管理方，显然不利于实现家族信托的目的。

为适应经济、金融形势的发展变化，更好地实现信托目的和保护受益人的权益，各国信托法允许变更信托管理方式的规定是必要的。对此，我国信托法也作出了明确的规定。但对于如何作出信托财产管理方式变更的决定，各国的规定有所不同，主要分为两种情况：一是委托人、受益人或保护人直接要求委托人变更信托财产管理方式；二是由法院作出变更信托财产管理方式的决定。

家族信托实务中，对于股权家族信托而言，委托人在信托文件中通常会保留相关的权利，以实现其对企业的控制；对于其他类型的家族信托来说，委托人根据其财富形式及要求，通常在信托文件中仅规定信托财产管理原则和大致方向，并不具体规定信托财产的管理方式。在财产管理的细节方面，则将决策管理权授予更具专业性的投资顾问及受托人，由他们来确定财产管理的具体方式并进行操作。

## （二）受益人的变更

信托是委托人为了受益人的权益而设立的，受益人在信托关系中必不可少。信托有效成立后，受益人即享有信托利益，除委托人通过信托文件明确保留了相关权利外，不得随意变更受益人。

家族信托的主要目的是为了实现家族财富的保全与传承，因此，家族信托的受益人通常为委托人自身及其亲属、后代等。为了防止受益人挥霍信托财产，委托人通常会在家族信托文件中对其作出若干限制。具体而言，委托人在家族信托文件中除制订受益权分配方案外，还会做出特定情形下变更受益人的规定。对于满足一定条件的受益人将予以变更。需要注意的是，家族信托作为长期存续的信托，委托人可以在信托文件中授权信托保护人更换受益人的权利。在特定情形下，如委托人无法行使权利或身故时，则由信托保护人根据授权及信托实际状况来行使更换受益人的权利。

家族信托受益人的变更，除依据家族信托文件的授权外，还可依据法律的授权进行。以我国为例，我国《信托法》对此有着明确的规定：受益人对委托人或其他共同受益人有重大侵权行为的，委托人可以变更受益人或者处分受益人的信托受益权。所谓重大侵权行为，是指侵权行为人实施的侵权行为的主观性质或手段较为恶劣，或者给他人的合法权益造成了重大损失，后果比较严重。一般情况下，信托关系成立后，委托人一般不得剥夺受益人的受益权或变更受益人。但是，如果受益人对委托人实施了重大侵权行为，给委托人的人身、财产或其他合法权益造成了重大损害，均是委托人在设立信托时所不愿看到并未能预料的。那么，应当允许委托人变更受益人或剥夺其全部或部分受益权，以符合公平原则。同样，如果受益人对其他共同受益人实施重大侵权行为，给其他受益人的利益造成了重大损害，不管损害的是其他受益人的信托利益还是其他权益，都使其他受益人的合法权益受到了严重损害。在这种情况下，同样应当允许委托人变更实施侵权行为的受益人或处分其受益权，防止其因侵权而获得利益。

## 二、家族信托的撤销

家族信托在特定情况下可能会被撤销，其主要包括委托人撤销及委托人的债权人撤销两种情形。

### （一）委托人撤销信托

根据私法自治的原则，委托人设立家族信托后，可以在家族信托文件中为自己保留一定的权利，以便根据将来的情况变化，在必要时撤销该信托。因此，委托人可以在家族信托文件中明确规定相应权利，行使家族信托撤销权。

## （二）委托人的债权人撤销信托

委托人设立家族信托后，信托财产则转移至受托人，并独立于委托人而存在，这势必造成委托人的偿债能力在一定程度上减弱。委托人因设立信托导致其无法清偿债务，或为了恶意逃避债务而设立信托转移财产，则会损害债权人的利益。因此，为保护委托人的债权人权益，法律应当赋予其在一定条件下撤销信托的权利。有关委托人的债权人撤销信托情形，家族信托与一般信托并无太大差异。

在英美法系中，信托委托人的债权人的撤销权并未直接在信托法中做出规定，而是主要通过破产法具体规定。按照信托法的一般法理，委托人一旦设立信托后，其债权人不能要求委托人用信托财产清偿债务。但在一些特殊情况下，该原则的僵化适用则可能会损害债权人的利益，例如，委托人为了逃避债务，在明知其债务清偿能力不足的情况下，仍然将自己的财产设立家族信托，致使其无法清偿债务。英国《1986年破产法》规定，委托人设立信托如果属于以下两种情形，则其债权人可以向法院申请撤销信托：一是委托人设立信托的行为属于低价交易；二是委托人意图欺诈债权人。对于第一种情形，我国香港地区《破产条例》也有类似规定：委托人在设立信托后10年内破产的，该项信托对于破产财产管理人来说为无效，除非信托受益人能够证明，在设立该项信托时，委托人无须该财产仍能够清偿当时的债务。

在大陆法系中，信托法通常会明确授权委托人的债权人在一定条件下可以撤销信托，以保护其自身权益。而债权人行使撤销权需要具备三个条件：一是债权人与委托人的债权债务关系在委托人设立信托前已经存在；二是委托人以自己的财产设立信托导致其无法清偿债务，损害了债权人的权益；三是委托人依法向法院提出撤销信托申请。然而，有些时候，信托的设立具有一定的私密性，尤其是家族信托的设立，非信托关系当事人及参与人士一般难以知晓信托设立情况，若仍需要委托人的债权人对其撤销信托的主张进行举证，则较为困难。

无论是委托人自行撤销，还是委托人的债权人撤销，只要家族信托被撤销，该行为自始无效。信托设立后发生的行为及事实均应依法撤销，信托财产应当返还为委托人的一般财产，受益人的受益权同样不复存在。但在信托关系中，受益人作为当事人之一，可能对委托人设立信托侵害债权人的利益无从知晓。因此，大陆法系信托法普遍规定：委托人设立信托损害其债权人利益，法院应债权人的申请撤销信托的，不影响善意受益人在撤销信托之前已取得的信托利益。但我国信托法尚未作出相关规定。

### 三、家族信托的解除

家族信托设立后，除可以被撤销外，还可以对其进行解除。家族信托的解除，是指在家族信托存续期间，委托人或法院依据法律法规或信托文件的规定，对家族信托行使解除权，使信托法律关系归于消灭的民事法律行为。在此方面，家族信托与一般信托并无太大差异。

#### （一）委托人解除家族信托

我国《信托法》对委托人解除信托有着明确规定：在受益人对委托人有重大侵权行为、经受益人同意或信托文件有其他规定的情形下，委托人可以解除信托。即便有此规定，委托人在解除家族信托时仍需要注意以下两点：一是委托人在行使解除权时应当受到家族信托文件的限制，即家族信托文件另有规定时，应当优先遵从其规定；二是委托人单方面行使家族信托解除权，可能会损害受托人的利益，如致使受托人的报酬减少等。对此，有些国家的法律还规定了委托人应当为此承担对受托人的赔偿责任。

在家族信托实务中，委托人主动解除信托的情形比较少见。因为家族信托的主要目的即是通过设立信托来实现家族财富的保全、增值与传承，而信托一旦解除则无法继续实现这一目的。但如果发生受益人集体不务正业、生活糜烂等情形，致使委托人对受益人及家族信托的存续失去信心，则可能导致受托人解除信托，另行处置家族资产。

#### （二）法院解除家族信托

在英美法系国家，法院享有天然的管辖权，经信托当事人申请，法院可以在认为适当的情形下决定解除家族信托。在大陆法系国家，日本与韩国借鉴了英美的做法，规定只要信托的受益人享有全部的信托利益，而如果不利用该信托利益便不能偿还其债务，或者出于其他不得已事由的，则受益人或利害关系人可以向法院申请解除信托，由法院进行决定。

### 四、家族信托的终止

家族信托的终止，是指家族信托关系归于消灭。家族信托由于各种各样的事实而终止后，必然导致相应的法律后果及受托人的清算义务与责任的解除。

### （一）家族信托终止的事由

信托的种类较为繁多，每类信托都会因不同的原因或事项而终止，同类的不同信托也会有各自不同的终止事由。综合来看，信托终止的事项主要包括四类，分别是信托文件规定的终止事项发生、信托期限已满、信托目的已经实现或不能实现、经当事人协商同意等。此外，信托被撤销、解除的，自撤销、解除时终止。而对于家族信托而言，委托人设立家族信托是希望能将家族财富传承至后代，最好能够实现永续传承。因此，家族信托一般不会发生信托期限已满、信托目的已经实现或不能实现的情形，终止事由多集中于信托文件规定的终止事项发生与当事人协商同意。

不管是大陆法系还是英美法系，信托法对委托人设立信托均采取了意思自治的原则，对于委托人在家族信托文件中规定信托终止事项的选择，法律通常予以尊重。因此，只要委托人在家族信托文件中明确规定了家族信托终止的事由，而该事由一旦发生，家族信托即应当因此而终止。

家族信托实践中，委托人在信托文件中规定的终止事由各不相同，但只要不违反法律法规的强制性规定及公平性原则，均可纳入家族信托文件中。常见的家族信托终止事由为信托存续期间发生了违背委托人意愿的事件。委托人设立家族信托是为了使家族财富保值增值并传承至后代，在此过程中，其并不希望子女生活糜烂、不求上进，或参与吸毒、赌博等不正当活动，而一旦家族信托的受益人出现此类情形，委托人可能会通过终止信托的方式来剥夺其受益权。当然，如果只是部分受益人出现上述情形，委托人及其授权的人还可以通过其他方式来剥夺受益权，并非一定要终止家族信托。此外，若委托人决定终止家族信托，也多为终止与相应受益人关系密切的子信托，而非一次性地将整个家族信托体系全部终止。

### （二）家族信托终止的法律效力及后果

家族信托终止后，信托关系即不复存在，信托当事人的权利义务均归于消灭。与前述家族信托的撤销不同的是，就家族信托终止的效力而言，其仅在信托终止后产生法律效力，而非自始无效。

家族信托终止后，信托关系当事人的权利和义务随之消灭，由此便会涉及信托财产的归属问题。一般而言，剩余的家族信托财产会根据信托文件的规定来确定归属或进行处置。只有在信托文件没有做出规定时，才会依照法律规定予以确定。根据我国《信托法》的规定，若信托文件未对信托终止后的财产归属作出规定，则需按照相应顺序来确定归属：第一顺序为信托受益人或者其继承人；第二顺序为委托人或者其继承人。而英美法系的信托法则默认终止后的信托财产成立一项归复信托，以原信托委托人作为归复信托的受益人。若原委托人去世，则应将信托财产纳入委托人的遗产予以处置。

在家族信托实务中，委托人设立信托时通常会在信托文件中对终止后的信托财产归属做出规定，一般情况下，信托财产会归并到其他仍然有效存续的家族信托中作为新的信托财产，也存在为了支持公益事业而将信托财产进行捐赠等情况。当然，这都是以委托人的意愿为前提，如果其愿意，终止后的家族信托财产也可以分配给相关受益人。

# 第五章 家族信托产品的设计

## 第一节 我国家族信托业务的实现模式

根据个性化需求进行私人定制是家族信托产品的一大特点，同时也是我国高净值人群在选择家族信托产品时的偏好。但是"一户一单"式的产品设计与服务提供在满足客户个性化需求的同时，也使信托机构的成本增加。对此，我们把国外家族信托业务发展实践同中国高净值人群对家族信托需求的共性结合在一起，提炼出在我国开展家族信托业务的实现模式，并以此为基础进行产品设计和服务提供，以更好地为大部分不能抵偿"一户一单"式专业化私人定制服务的家族信托目标客户提供服务。

### 一、现有模式分析

从国内外家族信托业务的发展实践来看，当前的家族信托可以被划分成三种不同的发展模式。

#### （一）通过架构设定实现资产隔离

基于资产安全性与稳健保值的资产隔离，是高净值人群采用这种家族信托模式的主要目的。而结合国内家族信托案例来看，对于这种模式的运用大多依托海外信托平台实现。以这类信托最典型的两个样本——吴亚军、蔡奎家族信托与潘石屹、张欣家族信托为例，它们的共同特征是运用一系列的股权运作把作为家族财富主要依托基础的家族企业实际控制权转移至国外公司，从而实现财富从国内到国外的转移。我国对于财富传承的法律体系框架还处在不断完善的过程中。在财产所有权确认、财产隐私保护、遗产税的开征与否和时间方面，对我国高净值人群而言，都缺乏稳定的预期。这也是中国高净值人群设立离岸家族信托的主要动因。与此同时，海外家族信托为中国高净值人群低调配置财富和保障财富安全提供了可行的运作空间。

（1）家族信托由于实现了资产所有权地域上的隔离，在一定意义上保证了财富的安全。但在实现资产隔离目标的动机上，中国高净值人群与国外高净值人群存在一定的差异。国外高净值人群选择资产隔离型家族信托的主要动机是将家族企业与家族自身相隔离，从而规避了家族内部波动因素对家族企业的发展造成太大影响的风险。而中国的高净值人群则更加倾向于财富所有权和实际控制权的地域性隔离。

（2）股权运作是这类信托的基础。综观这类家族信托，大多运用一系列的股权运作手段达到实现财富分割与隔离的目的。吴亚军、蔡奎家族信托与潘石屹、张欣家族信托的共同特征是在海外注册一个实际控制国内资产的公司，然后通过这个公司进行股权运作和信托架构设计。吴亚军、蔡奎家族信托中，对境内资产龙湖地产的实际控制由注册在英属维尔京群岛的两家公司实施。而潘石屹、张欣家族信托中，对国内资产的实际控制由注册在开曼群岛上的BVI公司实施。这种实际控制均以股权形式体现。

（3）将股份作为受托资产转让给信托公司是家族信托设立的关键步骤。而在实现受托资产转让前，须完成海外公司对国内资产的实际控制，再将海外公司的股份转让给信托公司。前文列举的两个家族信托中，海外公司的股份都是全额转让。这样就依托股权运作的特定架构，实现了资产转移和国内资产实际控制的双重目的。而家族信托的主要框架设计仅在海外公司与信托机构之间完成，家族信托与股权运作相结合是实施资产隔离与财富传承的主要手段。

**（二）借助契约设计进行财富传承**

该模式以平安信托发行的"平安财富·鸿承世家"系列单一万全资金信托和招商银行发行的家族信托基金为典型代表。"平安财富·鸿承世家"系列单一万全资金信托产品募集规模为5000万元，合同期为50年，客户是一位年过40岁的企业家。招行私人银行的财富传承家族信托签约客户杨先生年近60岁，产品募集规模不低于5000万元，合同期为50年，这两种信托都以财富传承为根本目的。具有以下四个显著共同特征。

(1) 资产由委托人和机构共同管理。前文列举的两单信托为最大限度地保护委托人的利益和受托资产安全，都设立了委托人与机构共同管理受托资产的机制。

(2) 可定制非标准化。两单信托都在受托资产的配置方式和运作策略上保留一定的灵活性，在契约设计阶段会结合委托人的建议，最终产品为非标准化产品。

(3) 公开的产品运作信息。为保证委托人的知情权，设立了产品运作信息定期与不定期相结合的通报机制，这样的机制设定也确保了委托人对受托资产运作状况的监督。

(4) 分配方式多样化。两单家族信托的主要分配方式主要挂钩于受托资产的收益，并以现金方式体现。不过在分配频次、分配条件问题上均有个性化特殊约束条款设立。

### (三) 运用外部资源实现委托目的

多样化需求是高净值人群需求的一大特点。其中，慈善是高净值人群的一项重要需求，这点在国外尤为显著。因此，高净值人群对于家族财富的运用不仅考虑家族自身需要以及家族企业发展需要，还要扩展到社会公益需要。从这个层面上说，家族信托的引入必须能为高净值人群达到委托目的提供服务。而委托人对相关领域并不熟悉的现实也就为家族信托的外部资源运用模式提供了发展空间。

以比尔·盖茨夫妇设立的家族基金会为例，比尔·盖茨将自身财富用于慈善目的，但是，对于慈善本身的运作架构并不完全熟悉，因此，通过引入外部专业性资源提高慈善的效率就成为此类家族信托的应有之义。而对于家族企业而言，企业接班人的传承尤为重要，它关乎一个企业的长久生存。而家族信托的引入除了可以通过财富分配的激励方式在家族内部成员中培养合格的家族企业接班人，也可以通过引入外部经理人来维持企业的长久发展。同时，企业发展所需要的外部环境，例如投融资决策、资产组合的合理化在引入家族信托后也可以获得新的资源支持。这种资源支持不仅包括外部的专业性咨询服务，甚至包括人、财、物等实质资源的重新聚合。

基于委托目的引入外部资源型家族信托的特征有：(1) 委托目的导向。委托目的成为这种外部资源引入型家族信托架构设计的关键切入点。基于不同的委托目的，设计不同的家族信托产品与服务架构，满足既定的需求是这类家族信托的核心特征。同时针对不同的委托目的引入不同的外部资源，实现委托人—信托机构—外部资源的互动。而根据不同的委托目的，外部资源也表现为咨询建议与实质支持两种不同的形式。（2）实现功能延伸。外部资源的引入，实现了家族信托资产隔离、节税避税、财富传承等核心功能的延伸。这类信托中，家族信托不再局限于财富传承的传统功能而成为高净值人群财富运用的创新性工具。以委托目的为核心，选择适宜的外部资源引入方式，在提供家族信托机构的专业化产品与专业化服务的支撑下，实现财富运用效率以委托目的为核心的最大化是这类家族信托衍生发展的主要原因。

## 二、实施机构模式

信托行为往往是资产或财富的托付，这也是信托的实质，因此，这个过程必然伴随着委托人和信托机构之间财富或者资产的转移过程。信托机构是家族信托过程中不可或缺的重要参与主体。从机构角度来看，中国目前实现家族信托主要有以下三个模式。

### （一）基于客户群挖掘的私人银行主导模式

#### 1. 原因阐释

首先，私人银行始终致力于为高净值人士提供高价值的金融服务，因而决定了其起点高的特点。私人银行的主要业务都是针对高净值人士服务的，贵宾理财的起点大多数都为30万~50万元，而私人银行的客户起点却远远高于贵宾理财，为100万美元左右。作为私人银行主要服务对象的高净值人群同样也是家族信托的重要需求人群，这就为私人银行占据家族信托的"一分天下"奠定了坚实的基础。其次，私人银行时刻强调服务的私密性原则。零售银行绝大多数都没有专门的贵宾理财中心，仅在银行网点为客户提供服务；而私人银行的服务则主要由私人银行客服经理登门商讨，服务场所也更高端、更隐私，主要为大型中央商务区（CBD）的顶级写字楼，保密性要求非常高，这恰恰契合了家族信托目标客户低调、不露富的心理。最后，随着私人银行原有业务范围的不断深入，服务内容也不断广泛。银行、保险、税收、会计、证券、法律以及投资管理等都是私人银行业务的专业领域。并且，除了服务于客户的私人财富，私人银行还服务于客户的企业，即对私、对公提供全方位立体化服务——为私人客户提供全方位服务的同时，也为其企业投资决策提供全面的商业银行服务和投资顾问服务。对于投融资的全面了解，为私人银行开展家族信托业务时向目标客户提供全方位的支持提供了可能。根据客户个性化需求为客户量身定做产品和服务一向是私人银行所贯彻的服务理念，其重视家族服务，提供给客户"财富传承规划"服务，从而实现财富保值和增值的目标。根据调研分析结果可以得出，我国高净值人士对家族信托产品的需求概念集中体现在个性化特征，而私人银行为客户量身定做提供服务和产品的能力也正是发展家族信托的核心基础。

2. 优势体现

私人银行的两项优势构成了以私人银行为主导开展家族信托产业的核心基础。第一个优势就是相对成规模的客户基础。自 2007 年私人银行开始发展以来，经过数年的努力，已经形成了相对成熟的服务框架。更重要的是，私人银行的发展阶段和中国经济高速发展、高净值人群快速形成的阶段相符合。高净值人士的理财需求，特别是高端理财需求，更多地通过私人银行得以实现，大大增加了客户黏性。第二个明显优势就是私人银行所具有的客户需求挖掘能力。长期的业务实践积累和长时间致力于和高净值人士交流沟通，使私人银行能够更准确地把握家族信托目标客户的心理，能选择更合适恰当的理财工具来满足其理财需求。根据前期与高净值人士的交流经验，私人银行可以更快捷地筛选出家族信托的目标客户，可以更快捷地根据其心理需求对家族信托服务进行界定，也能够依靠丰富的财富管理经验和广泛的投资领域资源为家族信托目标客户提供适宜的家族信托产品和服务。因此，已经存在的客户基础、对客户需求的熟悉程度以及广泛运用金融领域资源满足家族信托目标客户需求的能力，这三者构成了以私人银行为主导的家族信托模式的核心优势和基础性特征。

3. 基本模式

以上对私人银行核心优势的分析表明，私人银行在开展家族信托业务时应当更加依托现有的客户基础，以现有客户群需求的深化为业务拓展方向，由此衍生出私人银行主导型家族信托的基本模式。

（1）主动发现客户。从对国内外家族信托客户的特征分析中不难看出，家族信托的主要客户群体是高净值人士，而且是超高净值人士。而私人银行由于其服务内容和特征使它们的服务对象恰恰主要集中于高净值人群，因此，私人银行开展家族信托业务的起点是实现从现有客户群体中提取出对家族信托有现实需求的高净值人士。

（2）分析客户价值。全面而深入地了解并分析这些潜在客户的需求强度、需求内容和财富规模，并结合私人银行提供家族信托产品和服务的成本进行成本收益分析，根据分析结果对客户进行分类分级是私人银行从自身实际出发选择目标客户的基础。

（3）确定目标客户。完成以上步骤后，确定了私人银行开展家族信托业务的目标客户，实现目标客户的析出，将潜在客户转变成目标客户。目标客户的另一项重要来源是主动联系私人银行并咨询家族信托业务的高净值人士。

（4）与目标客户交流。在目标客户确定之后，就家族信托的功能、风险、运作机制，以及目标客户对家族信托的诉求等方面与目标客户展开交流。这样，一方面有利于提高目标客户对家族信托的认知程度；另一方面也有利于增强私人银行对目标客户关于家族信托需求的了解程度，便于后续工作的开展。

（5）锁定目标客户。经过充分交流以后，私人银行可以根据目标客户的需求强度、对家族信托的诉求以及银行自身产品设计和提供服务的能力，锁定能够进入实际业务流程的目标客户，为家族信托业务的正式开展做好准备。

（6）运作框架设计。通过对国内外家族信托既有模式的学习与借鉴，充分考虑目标客户的现实需求，综合利用私人银行在财富管理模式中形成的产品设计经验与优势，以产品和服务的相关条款为切入点，运用自身资源设计家族信托业务框架。

（7）引入合作资源。完成家族信托业务基本框架设计后，分析家族信托业务顺利开展所必需的支持资源，通过外部合作机制获取自身不具备的资源，保证家族信托业务顺利开展。

**（二）基于资产专用性的信托公司主导模式**

1. 原因阐释

随着《信托公司管理办法》《信托公司集合资金信托计划管理办法》等信托新政于 2007 年 3 月 1 日起施行，委托人必须为"合格投资者"。这一政策无疑让大多数信托公司将未来业务拓展的目光投向高端个人客户理财领域，以此为基础形成了家族信托的信托公司主导模式。作为金融机构提供的最高端理财业务，信托公司提供的产品大多是为客户量身定制的，在投资运作上，客户与信托公司的相互认知至关重要，客户必须充分了解信托公司提供的家族信托产品的设计和理念，同时信托公司也必须充分了解客户关于家族信托产品的需求，只有实现了相互理解，才可能达成良好的合作关系。信托新政加快了信托公司为实现高端个人客户理财业务转型而拓展产品和客户。尽管信托产业经过了几年发展，信托公司通过项目推介积累了相当数量的客户群体，但是信托公司对个人客户群的维系主要基于顺利推介信托项目的需要。因此，信托公司开拓业务的前提是掌握潜在客户群——高净值人群，对客户信息有充分的了解，并据此对家族信托产品实行创新。

2. 优势体现

信托公司开展家族信托业务有两项明显优势。首先是制度优势。新颁布实施的《信托公司管理办法》《集合资金信托管理办法》取消了对原有信托计划发行份数、发行起点金额的限制，为信托公司开展业务创新提供了空间。与此同时，新实行的两规定明确禁止信托公司进行实业投资等，更加明确了信托公司"代人理财"的业务特性，为信托公司的下一步发展指明了方向，通过设置信托贷款比例等方式，促进信托公司的全面转型，提升信托业务的含金量，用更加多样化的信托产品来满足高端金融投资人的需求。《信托公司净资本管理办法》会加大信托公司对管理类信托产品的开发力度，逐步提高监管和培育核心资产的能力，通过对净资本等风险控制指标的动态监控、定期敏感性分析和压力测试等，达到有效控制风险的目的。《银信业务合作管理办法》以及《关于进一步加强银信业务合作管理办法的通知》要求信托公司从项目开发、产品设计、交易结构、风险控制、存续资产监控、信托资产收回各方面全程自主操作，实现话语权和定价权，尤其是在和商业银行开展的信贷资产转让的合作中，逐步实现"洁净交易"以及风险自担促进信托公司对自主管理能力的强化。其次是资产专用性优势。从本质上来说，家族信托依旧是一种信托关系。信托公司的组织构架、业务范围、经验积累等都构成信托公司在开展家族信托业务时的资产专用性优势。目前，中国采用的金融体系是分业经营模式，这使信托公司自然而然地对信托流程更加熟悉，对信托业务所需的资源掌控力更大。最为重要的是，信托公司的这种资产专用性优势使其相比其他开展家族信托的机构拥有"牌照"优势或者是通道优势。充分利用自身优势，从产品设计和服务提供切入，用个性化的产品和创新的产品吸引目标客户是以信托公司为主导的家族信托模式的核心特征和主要优势。

3. 基本模式

（1）内部资源重新组合。尽管信托公司相比其他机构对信托业务更为熟悉，但是家族信托在我国属于新兴事物，处于发展的初级阶段，因而为了能够顺利地开展家族信托业务，就必须在充分吸收国内外家族信托运作构架的同时对信托公司内部可以为家族信托提供支持的资源进行重新整合。通过公司管理架构的重新设计，将公司中能够为开展家族信托业务提供核心实质性支持的资源，尤其是相关人才聚合在一起，为家族信托业务的后续开展做准备。

（2）进行产品普适设计。基于家族信托的实质，信托公司应先考虑充分准备。利用自身在信托业务运作能力强的优势，同时借鉴国内外现有家族信托产品的设计经验，从家族信托的核心功能出发，先行推出不同的家族信托产品供有需求的高净值人士选择。

（3）产品宣传和推介。通过对不同渠道和方式的筛选对已经设计成型的家族信托产品进行宣传推介。信托在成本考量的基础上，以及可接受的成本范围内采取不同的渠道和方式将家族信托产品推介给高净值人群。一方面可以吸引高净值人士对特定信托产品的关注；另一方面也有助于发现对家族信托产品有实质性需求的潜在客户。

（4）目标客户群体形成。对本公司关于家族信托产品的潜在客户进行分类分级管理，通过进一步的沟通交流提取出目标客户。沟通的核心内容应该集中在高净值人群对现有的普适性家族信托产品的接受和满意程度。交流的目的是增强高净值人群对信托公司产品设计能力的信任程度，最终形成对家族信托产品有特定需求的目标客户群。

（5）基于需求修正框架。如前文所述，高净值人群对家族信托产品的需求有个性化差异，这也是家族信托产品的重要特征。因此，为了使得家族信托产品进一步满足目标客户的需求，信托公司需要基于特定的目标客户需求对设计出的普适性产品从运作机制、具体条款等方面进行修改。

（6）家族信托正式设立。将修正过的家族信托产品以合同确认等方式完成签约，从而最终实现家族信托的设立，正式进入家族信托的运作阶段。

**（三）双方合作共赢模式**

1. 原因阐释

从对以私人银行为主导的模式与以信托公司为主导的模式分析中可以看出，在开展家族信托业务的过程中，两者各有所长。信托公司拥有牌照优势和业务运作能力，而私人银行拥有强大的客户群基础。如果能将两者的优势结合在一起，那么无疑会有利于家族信托业务的开展，也有利于进一步提高净值人群家族信托产品需求的满足程度，最终在激烈的市场竞争以后双方合作占据一席之地。首先，中国的高净值人群是家族信托的主要目标客户。而家族信托业务顺利开展的核心与关键是满足高净值人群对于家族信托的需求。信托公司擅长项目运作，但是在需求的分析与满足方面，比私人银行却要略逊一筹。换句话说，信托公司的优势集中在项目运作，而不是对特定人群和个体的需求探知上。信托公司通过信托产品吸引客户，而收益与风险才是客户对信托产品的关注焦点。但是家族信托与普通信托最大的区别并不是单纯的风险与收益，而是家族信托需求方更为关注财富传承、资产隔离等问题，并且这种关注在不同个体间差异很大。所以对高净值人群特定需求的满足是家族信托顺利开展的基础。但是因为信托公司分业经营，并不擅长对高净值人群的需求进行探知。而私人银行的私人财富管理业务在高净值人群家族信托需求的探知方面具有相对优势。其次，私人银行虽然具有一定的客户群基础，也对高净值人群的需求有一定的了解。但是，在目前的金融运行体系下，相对信托公司而言，私人银行却不具备牌照优势。更进一步地，私人银行不具备信托公司在信托产品营销领域的渠道优势。私人银行可以根据特定的目标客户需求进行家族信托产品的设计。但是私人银行在占有更大市场规模方面有很大的劣势。换句话说，私人银行虽然了解特定客户的需求，也可以基于特定需求进行家族信托产品设计，但是，在既定的市场规模上，由于在产品营销领域缺乏信托公司所拥有的渠道优势，私人银行尚且可以具有移动的优势。然而随着家族信托市场的成熟和进一步发展，面对日益扩大的市场规模，私人银行难免力有不逮。信托公司与私人银行合作开展家族信托业务的关键原因也就在这里。

2. 优势体现

从前文的分析中可以看出，无论是私人银行还是信托公司，在家族信托这一全新业务领域都具有优势与劣势。因此，如果能从各自的优势出发，在家族信托业务领域中进行合作，扬长避短，对推进家族信托业务的顺利开展将大有帮助。（1）私人银行与信托公司合作开展家族信托业务，有利于价值链条完整化。能够为机构带来丰厚利润的家族信托产品必然具有以下三项基本特特征：一是拥有成规模的客户群；二是能够真正满足目标客户的需要；三是拥有低成本的产品渠道。信托公司与私人银行合作开展家族信托业务，通过实现客户群、需求满足与销售渠道的对接来保证家族信托业务的持久盈利性。（2）信托公司与私人银行合作开展家族信托业务有利于体现分工优势，从而提高经营效率。私人银行与信托公司合作可以使彼此均专注于最擅长的领域，而不再为了开展家族信托业务被迫将资源投入自身不擅长的领域，从而实现了合作共赢。（3）私人银行与信托公司合作开展家族信托业务有利于"强强联手"，保证市场占有率。家族信托市场是一个竞争十分激烈的新兴市场。私人银行与信托公司合作，可以迅速占领市场，然后有效地形成垄断优势以获得核心竞争力，从而获取高额利润。

3. 基本模式

（1）流程对接。依据家族信托的业务流程和私人银行以及信托公司的各自优势，将家族信托的关键环节进行拆分。用协议等方式约定信托公司和私人银行各自完成的环节。更为重要的是，在这个模式中，还要就对接过程中产生的问题、双方的权利义务进行明确约定。

（2）渠道合作。在家族信托业务领域里，从渠道角度而言，信托公司与私人银行拥有不同的渠道。例如，信托公司拥有基于信托产品营销能力和牌照的通道，而私人银行拥有的渠道是基于客户群认知的有效探知需求。因此，私人银行与信托公司可以采取渠道合作的方式共同开展家族信托业务。

（3）资源共享。更进一步地，信托公司与私人银行在合作中实现资源共享。私人银行和信托公司可以通过更为灵活有效的机制将分属不同主体的信息、人才、网络甚至是硬件整合在一起共同推进家族信托业务的发展。

## 三、产品模式

高净值人群对家族信托的需求必须要借助特定的家族信托产品才能得以满足和实现，因此，家族信托业务的核心环节是家族信托产品的设计与服务提供。从产品角度而言，当前我国家族信托存在以下三种主要实现模式。

### （一）基于财富等级的私人定制与产品泛化

1. 家族信托的客户管理

一般而言，为了更好地满足目标客户对家族信托的不同需求，需要按照客户的自然属性和行为属性对家族信托的目标客户进行细分。在自然属性方面，主要从人口、社会、经济、地理这几个维度入手，以其中关于人的重要信息来细分客户。而行为属性则要从心理、个性、生活方式这三个维度来对客户进行细分。具体到家族信托领域而言，本书基于对高净值人群调研结果的分析结论提出客户细分的以下四个特征。

（1）基本特征指标：以财富总量为主要表征性指标。

（2）心理特征指标：以相关机构认可度为主要表征性指标。

（3）行为特征指标：以目标客户对家族信托的认知程度为主要表征性指标。

（4）关系特征指标：以与相关机构的交流程度为主要表征性指标。

通过对以上指标的综合分析，可以发现现阶段中国高净值人群对于家族信托需求的个体化特征十分显著。

2. 更好地满足客户需求

鉴于中国高净值人群家族信托需求个性化差异显著的特征事实，显然"一户一单"家族信托产品的设计思想更能满足目标客户的需求。有鉴于此，本书从成本抵偿的角度提出两种不同的家族信托实现模式。也就是基于财富等级的产品泛化与私人定制。具体来说，就是对于那些能够抵偿"一户一单"产品设计高额成本的超高净值人群，从其特定的需求出发，组织专门团队对其进行"多对一"服务，提供私人定制式产品。而对于无法负担"一户一单"式产品设计高额成本的目标客户而言，则依据前述客户管理原则进行分类，从类别出发进行产品设计满足其需求。以类别而不是以个体进行产品设计就是产品的泛化。

### （二）基于委托目的的财富管理与增值服务

1. 委托目的多样化

基于委托人的不同目的衍生出家族信托的不同功能。而家族信托产品设计是将不同的功能组合在一起满足目标客户的特定需求。家族企业的财富传承和财富增值是家族信托最核心的功能，在此基础上衍生出节税、避税等其他功能。从对国内外家族信托发展实践的分析中不难看出，高净值人群选择家族信托的目的可谓多种多样。有的将家族信托当作资产配置的工具的委托人不希望家族内部成员的因素对家族发展造成影响而选择家族信托；有的委托人希望为家族的后代成员传承财富。虽然委托人的目的不同，但是从产品设计的角度来看，结合信托的实质，本书将家族信托分成两类。一类是以财富保值增值为实现手段的财富传承型家族信托；另一类是附加其他的家族信托。

2. 以财务管理为主要特征

对于财富传承性家族信托而言，产品设计以财富管理为主要特征。如何实现财富的保值增值以及财富的分配方式才是重点。这类家族信托产品的设计相对比较简单，围绕财富传承进行。约定受托财富的保值增值机制、手段和期限，通过具体条款的设立。同时，在充分遵从委托人意见的基础上，要设计财富传承机制保证委托人的需求切实满足。而对于那些功能附加型家族信托产品设计需要更多地关心家族信托客户的需求，同时在家族信托产品设计中增加特定条款满足委托人的个性化需求。对于希望通过家族信托实现家族企业传承发展的委托人，如果其关注家族自身波动因素对家族企业的影响，就在产品设计的过程中引入资产隔离条款；如果其关注家族接班人对家族企业的影响，就在产品设计的过程中引入激励条款鼓励接班人从家族内部成员中产生，或者通过相关条款引入职业经理人来保证家族企业的长久发展；如果其关注外部环境对家族企业的影响，就在产品设计的过程中引入增值服务条款为家族企业的发展提出建议。这些增值服务包括为企业发展提供咨询建议、为企业发展提供实际的资源支持等。

**（三）基于信任程度的全权委托与固定委托**

中国开展家族信托业务，在制度法律等方面存在诸多的限制因素，家族信托业务的顺利开展对机构的产品设计能力形成一定的考验。当前，中国的家族信托大多采用海外信托的方式。落地于大陆地区的家族信托不但数量少、规模小，而且委托内容单一，基本上都是纯粹的财富传承。因此，相对于国外成熟家族信托市场上提供家族信托的金融机构而言，中国大陆相关机构的运营能力和产品设计以及经验都略显不足。这一现实使很多高净值人群并不完全信任中国大陆提供家族信托产品和服务的机构。从中可以看出，中国的高净值人群大多拥有理性的判断和决策能力，对于新兴的财富管理工具基本保持谨慎态度。同时，中国的高净值人群多数拥有运作经验和企业管理经验，在投资决策上更加务实。

中国的家族信托市场处于刚起步阶段。金融机构刚开始涉足该领域，基本不具有家族信托运作的经验，更谈不上运作绩效。这无疑加深了高净值人群对提供家族信托产品和服务机构的不信任程度。更重要的是，中国当前的信用环境不佳，高净值人群基于低调谨慎、财不外露的心理，在选择提供家族信托产品和服务的机构时更多地会选择自己较为熟悉的机构或者有过业务往来的机构。以上原因导致中国的高净值人群对中国大陆提供家族信托产品与服务的机构不完全信任。因此，设计家族信托产品的时候应当采用全额委托和固定委托两种模式，全额委托将形式权力的选择权给予受托人，目的是使受托人在委托人的意愿指导下自行决定信托财产的分配方式、财产的管理运作方式等。而固定委托的核心特征是受益人分配方案由委托人事先在委托书中约定，受益人不能任意改变。家族信托存续过程中委托人权力的大小是全权委托与固定委托最大的区别。从国外家族信托来看，大多数家族信托采用全权委托的方式。然而，中国的现实状况决定了固定委托依然有一定的存在空间。因此，在设计家族信托产品的过程中，如果经过充分交流的高净值人群已经对提供家族信托产品和服务的金融机构形成了初步信任，那么就采用全权委托的模式；如果高净值人群在充分交流的基础上还是没有基本的信任，那么在产品设计时采用固定委托模式，以迅速打开市场，形成产品影响力与竞争力，从而在后续的家族信托产品设计中实现从固定委托向全权委托的转变。

## 第二节　家族信托产品设计的要素分析

### 一、家族信托产品设计的基本要素

按照《中华人民共和国信托法》的规定，信托是指委托人基于对受托人的信任，将其财产权委托给受托人，由受托人按委托人的意愿以自己的名义，为受益人的利益或者特定目的进行管理或者处分的行为。可见，信托的基本要素包括委托人、信托目的、受托人和受益人，设立家族信托显然也要考虑这些因素（该四项基本要素在第三章已做过阐述，本部分内容略）。除此之外，设立家族信托还有一些其他要素，例如设立地点、投资项目、利润分配率、期限和其他因素等。

#### （一）设立地点

家族信托设立的地点非常重要，可以设立在境内也可以设立在境外。目前国内家族信托由于信托财产登记制度的原因能接受的信托财产类别非常少，且多数期限相对境外较短。因此，实际操作过程中，大多数家族信托都选择了境外，这与境外家族信托业务的成熟度、法律法规等因素有很大关系。例如，全球著名的避税圣地开曼群岛、中国香港地区、英属维尔京群岛等。设立地在境外的家族信托也叫作离岸信托。按照委托人的要求，信托机构可以设立境内信托，信托机构也可以与合作伙伴合作，设立满足委托人要求的境外信托。

在选择家族信托的设立地点时，委托人必须先清楚设立地点的相关法律法规后，再选择最符合自己利益的地点。主要考虑以下五个因素。

1. 设立地点的委托期限

有的委托人可能希望设立终身信托，有的委托人可能只是希望设立相对短期的信托，设立地点所允许的不同的委托期限可能影响委托人的选择。以美国为例，各个州允许的最长期限是不同的，有的州甚至允许无限期的信托，而英国则不允许永久信托。所以选择信托地点时一定要注意允许的最长期限问题。目前，国内的相关法律并不完善，而常见的离岸信托最长期限如表 5-1 所示。

表 5-1　　　　　　　　各信托设立地点的最长期限

| 设立地点 | 最长期限 |
| --- | --- |
| 特拉华州（美国） | 永久 |
| 马萨诸塞州（美国） | 100 年 |
| 俄勒冈州（美国） | 300 年 |
| 中国香港地区 | 80 年 |
| 泽西岛（英国皇家属地） | 100 年 |
| 马恩岛（英国皇家属地） | 50 年 |
| 英属维尔京群岛 | 360 年 |
| 开曼群岛 | 150 年 |
| 百慕大群岛 | 100 年 |

上述时间均针对非慈善信托，一般来说，法律上对用于慈善事业的信托有优惠政策，很多地方允许永久的慈善信托。

2. 设立地点的税收政策

设立地点的税收政策也是要考虑的重要因素之一，通常信托的目的是保值增值，高昂的税收无疑会影响这点。一般来说，著名的避税天堂，例如，英属维尔京群岛和开曼群岛等地的税收相对较低。但近年来，由于国际合作和打击有组织犯罪等活动的加剧，这些地方也越来越多地受到其他国家政府的压力。因此，从避税角度来说，这些地方的优势正在减少。例如，英属维尔京群岛在最新的《维尔京群岛特别信托法》（VISTA）中，就将信托税、滞纳金等提高了一倍左右。在我国，信托适用的法律主要有《中华人民共和国信托法》。由于我国相关法律不如发达国家完善，因而存在诸如税收主体不明、重复课税等问题，这些都有待政府进一步改进。

### 3. 设立地点受托人的素质水平

聘请高素质的家族信托管理受托人，不仅能保持受托家族信托财产的完整性，更能达到财富累积的效果。在选择地点时，也要与所选择受托人的综合素质结合起来考虑。优秀的受托人可能会为委托人带来更多的收益，例如，世界知名的信托公司有北方信托公司、澳大利亚信托公司、太平洋信托公司等。在我国，平安信托、外贸信托、北京信托、上海信托等信托机构的家族信托业务也都发展迅速。根据 2017 年各家公司年报提及家族信托频次的数据，家族信托被提及 28 次，仅次于资产证券化和慈善信托。伴随我国资本市场的不断完善，信托业必将继续良好的发展势头。同时，信托投资公司是理财的专门机构，又具备多方面的金融服务能力，可以成为家族信托资产管理的最适当人选。

### 4. 保密性

保密性与设立地点的法律法规有关，是另一个重要的考虑因素。在家族信托中，很多人并不想过分暴露自己的财产，因此，对信息的保密性要求很高。在我国，一般信托遵循的法律有《中华人民共和国信托法》《信托公司管理办法》《信托公司集合资金信托计划管理办法》《中华人民共和国合同法》，信托协议生效必须公示。也就是说，在境内信托并没有保密可言，这对很多高净值人群选择境内市场造成了一定的障碍。而且从理论上讲，信托协议不伤害其他人的利益时，也没有公开的必要。国外一般都没有协议公示的要求。特别是英属维尔京群岛和开曼群岛等更是因为信息保密程度高成为很多高净值人群设立家族信托的首选。保密性的重要性是受托人可以对除委托人之外的所有人保密，例如，委托人成立了一个信托，规定其子女为受益人，他们年满 22 岁时就可获得信托资产的分配。在子女 22 岁以前，除非委托人自己告诉子女有这个信托存在，否则受托人有保密义务，在受益人 22 岁前，都不可以告诉他们信托存在。

### 5. 操作程序

不同类型的家族信托，操作流程上往往差异很大。相对于境内家族信托，离岸家族信托的操作程序更麻烦些。在设立离岸家族信托时，一般情况下由委托人先成立一个"壳公司"，再由空壳公司设立信托，以达到避税等目的。然而，国内资产的转移并不是这么容易实现。同时，设立过程中需要很多法律文件及中介费、手续费，即使完成了这些操作程序，长期看也存在安全隐患。

近年来，我国信托市场发展很快，已经涌现了一大批极具实力的信托公司。

并且随着国内资本市场的不断完善,信托业必将继续良好的发展势头。同时,由于资产的安全性是设立家族信托时非常重要的考虑因素,离岸信托很可能存在巨大的安全隐患。并且境内家族信托的委托人一般为个人,国内操作要相对比较方便,安全性更高。因此,从这些因素综合考虑,境内信托是一个相对更好的选择。表5-2列出了离岸信托和境内信托的对比,可以看出,它们各有千秋。

表5-2 离岸信托和境内信托的比较

| 考虑因素 | 离岸信托 | 境内信托 |
| --- | --- | --- |
| 委托期限 | 各个地方的规定各不相同,一般最长为100年左右,有的地方允许永久信托 | 仅规定集合类信托最短期限为1年,目前相关法律中并无其他关于期限的规定 |
| 税收政策 | 一般征收遗产税,针对信托有专门细致的税收规定,对各种避税工具的适用范围也有明文规定,在一些避税天堂,税收很低,在那些地方设立家族信托可起到避税的作用 | 暂不征收遗产税,信托方面税收法规相对较少,一些条款的指向性不明确,但是,依照"法无禁止即可行"的精神,很多细节都有可操作空间 |
| 受托人素质 | 长期从事家族信托业务,积累了丰富的经验,大型信托机构的业务范围广、资源丰富 | 在家族信托领域的经验不够丰富,但是市场成长很快,银行以及专业信托机构的实力不断壮大 |
| 保密性 | 具有较好的保密性,一般情况下不需要进行信托公示 | 所有信托必须公示,保密性不是很好 |
| 操作程序 | 对于境内设立境外家族信托,程序非常复杂,境内资产转移不便,且容易造成安全隐患 | 相对于离岸信托的操作较简单,安全性较高 |

### (二) 投资项目

1. 家族信托资产的类型

根据我国《信托法》第14条的规定,信托财产是指受托人因承诺信托而取得的财产以及受托人因信托财产的管理、处分或者其他情形而取得的财产。原则上,凡是可以以金钱计算的财产,包括动产、不动产、股票、公司债、有价证券、银行存单、现金、专利权、著作权和商标权等,都可以成为信托财产。但通常所说的人身权,例如名誉权、姓名权、身份权等,因不具有财产价值,不得作为信托财产。根据家族信托的性质,一般可以分为以下四种大的类型。

(1) 房地产信托。房地产信托起源于美国,又分为两种:一是房地产所有者为委托人,将房地产交由专业人员,为受益人谋取利益;二是委托人将自己的资金交由受托人,委托其按照信托协议的内容进行房地产投资。

在我国,土地的所有权属于国家或集体,居住用地的使用权只有70年,特殊的产权划分使我国很难像发达国家一样开展类似的房地产信托服务。我国的房地产信托一般都是短期信托，年限不超过5年，而且以第二类为主。对于第一类房地产信托，即以房地产为信托资产的信托，最主要的是进行价值评估，通过专业的第三方机构对房地产的价值进行准确评估，然后由受托人为了受益人的利益打理房地产资产。

（2）家族企业信托。家族企业信托是家族信托中最常见的类型。由于担心后辈产生财产纠纷，无心或者无力打理家族企业等原因，家族企业信托模式在国外萌发。如今，越来越多的中国高净值人群也注意到了家族信托的重要性。

在家族企业信托中，最重要的问题是股权结构问题和收益处置问题。股权结构问题主要指如何保持股权结构稳定以及股权控制力的问题，即股权不因夫妻离异和儿女继承等造成结构不稳，或者由于信托公司的加入导致委托人对家族企业的控制力下降。这些问题也是家族企业信托中要重点考虑的要素。

（3）货币性信托。家族信托的另一类是货币性信托。房地产信托的对象是房地产、家族企业信托的对象是家族企业，而货币性信托的对象则直接是货币。委托人直接将自己的货币资产使用权交与受托人，受托人将资产投资于股票、债券、基金、不动产等，收益归于受益人，这种方式就是货币性信托。这种类型的信托类似于现在市场上常见的信托产品，但是家族信托的金额可能较大，信托风险也会比较大。

（4）合资企业信托。与家族企业相比，合资企业中委托人不一定拥有完全控股权。因此，此类信托相比于家族企业信托有其独特的地方。在家族企业信托中，家族对企业拥有完全的控制权，因此，信托协议中可以将家族企业的实际管理权授予受托人。而在合资企业中，委托人授予受托人的只能是自己那一部分股权，如果自己的股权不占多数，并不能形成对企业的控制。在这种情况下，受托人只是自己那部分股权的代表，代表自己行使在企业中的利益。

2. 家族信托的投资项目种类

对于不同类型的财产，家族信托委托人可以和受托人约定投资方向，也可以不对投资方向进行具体约定，由信托机构选择投资方向。在投资方向的选择上，稳定的现金流是第一位，而在投资期限选择上，家族信托可以配置更多期限长的资产。一般而言，家族信托资产的投资项目有以下四种。

（1）股票。综观国外经验，股票投资是家族信托资产投资的首选，占比达

30%左右。由于家族信托的长期性，股票投资也适宜长期价值投资法。价值投资理论的精髓在于促使投资者主动寻找价值被低估的股票，通过价值发现来规避风险。价值投资理论是一种防守型的投资理论，是以投资者的自我保护为出发点的。因此，考虑家族信托资产的目的，股票投资适合于价值投资理论。

（2）固定收益。固定收益投资的特点是收益固定，这些投资收益稳定、风险小。很显然，固定收益投资非常符合家族信托的目的，因此，在家族资产中可以配备一定的固定收益投资产品。

在我国，固定收益产品可分为利率产品和信用产品。利率产品包括国债、央行票据和政策性银行债，信用产品包括短期融资券、中期票据、企业债、商业银行以及金融机构债、外国债券、资产支持证券、公司债和可分离债等。信托机构利用久期策略、收益率曲线策略、类属策略、信用利差策略和骑乘策略等可以选准时机对固定收益产品进行投资。

（3）房地产。房地产投资是家族信托的另一个投资选择。房地产投资的方法很多，风险相对较小。但由于投资成本很高，仍然需要小心谨慎。选择房地产投资时要注意国家政策变化，选取适当方法。房地产投资的一种方法是销售比较法，即将选购目标物业与市场可比物业的单位价格进行比较，这种方法十分简单，但要求市场上有足够多的可比物业。同时，需要考虑物业的不可移动性、独一无二性、客户的偏好、房地产市场不能实现完全竞争等。

（4）另类投资。除了上述几种传统的投资方法外，还有许多另类的投资也适合家族信托，例如外汇、商品、对冲基金、艺术品、奢侈品、运动队等。

①外汇。外汇投资是"另类投资"的一种，外汇投资同样宜采取长线投资，例如趋势投资法，该方法选择经济运行周期稳定的国家货币，根据综合分析制定方向，先运用总体资金的部分，按照操作计划建仓，直至该国货币趋势发生逆转，长期投资以求获得收益。

②商品。商品投资是指对石油、黄金、农产品等商品进行的投资。不同的商品投资方法不完全相同。在商品投资时，一定要注意政治经济环境、通货膨胀、供求关系等重要因素对商品价格的影响。它又可以分为现货投资和期货投资两种，期货投资的风险很大，在进行期货投资时一定要谨慎，而且不宜将很大比例的资产用于期货投资。相比于期货，期权的风险较小，是商品投资中一个不错的选择。

③对冲基金。在国内金融市场巨幅调整的背景下，对冲基金由于其投资策略的丰富和不同于传统投资工具的收益特性成为另类投资的选择。对冲基金也有很多投资方法，例如套利交易或利差交易、惯性或是追随趋势和平均线回归等，应该选择合适的投资方法进行投资。

④艺术品。艺术品市场前景广阔，一直深受高净值人群的喜爱。从统计数据和历史经验来看，艺术品投资和传统的股票、债券投资相比风险也不小，也没有证据表明艺术品投资比传统投资更容易赚钱。但在欧美发达国家，艺术品投资的金融产品已经相对成熟。目前，国内艺术品市场也处在蓬勃发展的时期，我国古代字画等频繁拍出天价，只要抓住机会，艺术品市场也有利可图。因此，艺术品投资也是"另类投资"一个很好的选择。

⑤奢侈品。奢侈品包括珠宝、手表等。从我国现状来看，奢侈品投资在我国的行情越来越好，利润十分丰厚。但是，投资奢侈品也并不是零风险。现在的经济形势虽然很不错，但是，由于奢侈品本身很容易被炒作，价格虚高是很常见的。这就意味着在投资奢侈品时，还是存在风险的，在"泡沫"破裂前及时抽身是非常重要的。

⑥运动队。很多高净值人群出于自身的热爱或者投机会投资运动队，但对于家族信托而言，投资运动队是一件非常复杂的事情，必将涉及运动队管理、发展等很多问题。如果选择投资运动队，在投资时一定要做好规划。目前国内体育市场并不是非常完善，投资运动队主要依靠广告效应，在其他方面收回成本。因此，从家族信托的角度来看，运动队的投资风险比较大、难度比较高，短期内实现有一定困难，但这依然是一个有趣的、值得关注的投资选项。

⑦其他。"另类投资"的其他选择还包括游艇、乐器等，这些投资不太常见，但蕴藏着巨大的市场。例如，国内的乐器拍卖市场才刚刚开始，且专业的鉴别门槛较高，普通投资者没有办法参与，因而造成很多较好的收藏级拍品流拍。对于家族信托机构来说，这是一个抄底的好时机。

可见，家族信托资产的投资种类千差万别，由于家族信托的资产巨大，如果不谨慎处理，投资风险也非常大。在美国，个人信托契约可以规定如何投资信托资产，委托人在信托条款中确定投资策略，受托人一般都必须遵循这些投资政策。而且一般的投资都必须遵循"谨慎人规则"，它来源于《统一谨慎投资者法案》，其内容是：在给定的环境并将投资组合当作一个整体来考虑的情况下，受托人所采用的信托投资方式,应与一个谨慎人处理自己事务的方式相同。该法案还将现代投资组合理论运用于信托投资,规定必须评估整个投资组合(而不仅是某类资产)的整体风险与收益之间的关系。事实上,在美国没有哪类资产本身属于禁止投资的对象,但必须根据它们与整个投资组合的风险结构之间的关系(例如它们与投资组合中其他资产的相关程度)来评估投资工具。虽然法律通常要求投资分散化,但在某些情况下,低分散化投资也许是更好的选择。受托人也可以谨慎地委托投资运作,他们会适当地选择共同基金进行投资。除非委托人在信托契约中作出其他明确的规定,否则一般都应遵从《统一谨慎投资者法案》。而在家族信托中,一般都应遵循此投资规则,因为它更符合财富保值的规定。

在我国,相关法律也规定了受托人管理信托资产时应该履行的义务。同时,为了更加严格地规定受托人投资的方向,委托人可以在信托合同中对各类投资的比例进行要求,例如,"股票投资占总信托资产的比重不能超过40%,固定收益投资占总信托资产的比重不能低于30%"等。

(三) 利润分配率

家族信托的首要目的是财富保值,但增值也是必须考虑的因素,那么,对信托中增值的财产,即信托的收益应该如何分配呢?在讨论利润分配率之前,必须解决什么是利润的问题,信托收益指受托人管理、运用、处分信托财产所取得的收益在扣除信托费用(不包括受托人管理佣金)、应缴纳的税费、支付第三人负债后的剩余部分。信托净收益是指信托收益扣除受托人管理佣金后的部分。由于目前对委托人和受益人应缴纳的相关税赋尚无明确的法律规定,因此,该信托净收益中包含委托人和受益人可能缴纳的相关赋税。其中,信托中最常提到的是信托年化净收益率,它的计算方法是:

$$信托年化净收益率 = \frac{信托净收益 \div 初始信托资金}{信托计划存续天数 \div 360} \times 100\%$$

(每月按30天计,一年按360天计)

利润分配率问题主要包括以下三个问题。

1. 分配人

这个问题是关于利润分配者的问题,也就是受益人的问题。"信托受益人"表明的是一种受益的法律地位,对于同一信托中的具体信托受益人数量,法律没有限制性规定。因此,信托受益人可以是一人,也可以是两人或两人以上(即多个信托受益人）。委托人可以指定一个或者多个受益人。这些受益人可以是委托人的亲人，也可以是其他人或者慈善机构等。一般来说，可以在分配协议中加入一些条件，例如，"受益人是委托人的直系子女、必须年满30周岁、已婚、具有研究生学历"等条件，这样在30岁以前，委托人的子女无法享受受益人的权利，只有满足了相关要求，才符合受益人的条件。

2. 分配数量

在信托受益人的数量为两个以上时，如无特别规定，受托人则须承担一项特别的"义务—公平"对待义务，即受托人必须公平地对待不同的信托受益人。《中华人民共和国信托法》第45条规定，"共同信托受益人按照信托文件的规定享受信托利益。信托文件对信托利益的分配比例或者分配方法未做规定的，各信托受益人按照均等的比例享受信托利益。"因此，如果委托人对财产有其他分配方式，必须通过信托文件体现。这时，当信托受益人为两人或两人以上的，各信托受益人依信托文件确定的数额、份额或分配方法享有信托利益，或者由受托人依照信托文件的规定行使自由裁量权，确定各信托受益人的信托利益。

在信托协议生效的过程中，受托人每年在信托经营活动中会获得一定的利润，也可能发生亏损，这些利润或亏损如何分配也是信托协议中的重要内容。在协议中，每年的利润既可以按剩余财产的分配份额分配给受益人，也可以按其他规定的分配方式分配给受益人。同时，信托协议中还可以规定将信托收益继续放入原信托中，也可以按一定时间取出或者以其他方式取出。对于信托收益的用途，信托协议中也可以做出规定。

3. 剩余资产分配

在信托协议到期后，剩余财产分配问题是最关键的问题。剩余财产可以包括股票、债券等动产，也可以包括房屋等不动产，还可以包括知识产权的继承等。剩余资产会按照信托协议中约定的分配方式进行分配，也可以在剩余财产的受益人中加入一些条件，改善分配状况。

对于家族信托的受托人，一般不参加利润的分配和剩余财产的分配，以收取管理费作为获利的主要来源。但为了激励受托人，也可以设置一个年化净收益率标准，超过这个标准的收益率，信托机构可以从中提成。但是设置激励指标时要谨慎，因为家族信托是长期信托，首先是财富保值，其次才是财富增值，应避免过于激进和短视的投资风格。

### (四) 期限

我国法律规定，集合类信托的最短年限为一年，单一类的信托没有相关规定。家族信托一般都是长久信托，但是目前，国内这种类似于发达国家家族信托的案例非常少，经验相对缺乏。期限太短，达不到家族信托的目的，期限太长，可能出现意想不到的情况。

总之，期限是家族信托中非常重要的因素，设立家族信托时一定要考虑期限因素，这样才能使家族财富代代相传。在实际产品中，期限可能与以下三种因素有关。

*1. 委托人的年龄及状况*

委托人的年龄是影响家族信托期限的第一个因素，因为家族信托的目的是财富的代际传承。如果委托人比较年轻、身体健康，则需要家族信托的时间年限比较长。如果委托人年纪较大或者身体状况不好，则可以根据自己的需要设定家族信托的年限。

*2. 受益人的年龄及状况*

受益人的年龄是影响家族信托期限的第二个因素。由于家族信托的受益人一般是家族内部成员，所以受益人的年龄一般与委托人的年龄成正比。显然，受益人的年龄越大，家族信托的期限就相对越短。如果受益人未成年，则需要家族信托的期限较长。但同时，将财产无期限地锁定在信托中并不是一个明智的选择，在大多数情况下，应该允许后辈们主宰他们自己的命运，在适当的时候让他们自己控制属于他们的资产。

*3. 税收政策和管理费的因素*

税收政策和管理费是影响家族信托期限的第三个因素，不同的税收政策影响了家族信托的年限，特别是遗产税对家族信托的影响非常大。由于我国暂时还没有开征遗产税，这个因素的影响相对较小。同时，信托期限过长会产生很高的委托人管理费用，这在一定程度上不利于期限过长的家族信托。

在国外，家族信托协议的期限很长，一般在30年以上，很多中国大陆、中国香港地区、中国台湾地区富商在境外设立的离岸信托期限也都非常长。因此，对我国来说，信托合同设立以30～50年为宜。另外，在信托协议中，可以确定某些情况下信托协议终止，也可以确定固定期限，到期时协议终止，还可以设立延长协议条款,即达到某些条件时信托协议延长。

如果信托财产出现了损失,信托机构怎么办呢?按照相关法规,对于信托机构而言,它们承担的应该是有限责任。信托的有限责任特征根源于信托财产的独立性,在信托的内部关系和外部关系中都有体现。从信托的内部关系来看,信托设立后,委托人除在信托文件中保留相应权限外,就退出了信托关系,信托的内部关系只表现为受托人和受益人之间的权利义务关系。受托人负有依信托文件规定为受益人利益管理处分信托财产的义务,受益人相应享有请求受托人忠实执行信托事务并支付应得信托利益的权利。但受托人因信托关系而对受益人所负的债务(即支付信托利益),仅以信托财产为限度负有限清偿责任。也就是说,只要受托人在信托事务处理过程中没有违反信托文件规定并已尽了职守,即使未能取得信托利益或造成了信托财产的损失,受托人也不应以自有财产负个人责任。未能取得信托利益的,可以不向受益人支付;信托财产有损失的,在信托终止时,只需将剩余财产交出即可。当然,如果信托利益未能取得或信托财产损失,是由受托人失职或违反信托文件规定而造成的,那么受托人必须以自有财产负个人责任。在《中华人民共和国信托法》第 26 条、第 27 条、第 28 条中,分别规定了信托违反责任的三种情形,即:受托人利用信托财产为自己谋取利益的责任;受托人将信托财产转为其固有财产的责任;受托人将其固有财产与信托财产进行交易或者将不同委托人的信托财产进行相互交易的责任。从信托的外部关系来看,狭义上的信托外部关系仅指在信托事务处理过程中第三人(含交易相对人)分别与委托人、受托人和受益人的关系,相应的信托外部关系的有限责任是指三方信托当事人对因处理信托事务所发产生的债务(合同之债和侵权之债)都只以信托财产为限负有限清偿责任。进一步来说,由于信托财产名义上的所有权人是受托人,出面处理信托事务的也是受托人,因此,因管理信托所签订的契约以及所产生的侵权行为而发生的第三人责任,其承担人只能是受托人,受到损害的第三人无权请求委托人和受益人负责,这是各国信托法的一项基本原则。法律上之所以作出这样的安排,是为了使受托人不致因履行职责而受到无谓的损害,从而更好地发挥信托的社会机能。当然,如果受托人对第三人的责任是因其违反信托文件规定而引致的,则其个人责任不得排除,这同样也是为促使受托人更好地尽其职责。广义上的信托外部关系包括了委托人、受托人和受益人分别与其债权人(含交易相对人)

或其他第三人的关系。我国《信托法》为防止委托人以设立信托的方式恶意逃避债务，保护其债权人的利益，专门就委托人的债权人对损害其利益的信托撤销权作出了具体规定，即委托人设立信托损害其债权人利益的，债权人有权申请人民法院撤销该信托，但人民法院撤销信托时不能影响善意受益人已经取得的信托利益。

因此，对于受托人处理信托事务所产生的利益，除依信托规定应支付给受益人的以外，应归属于信托财产；所产生的损失，除非是由受托人失职造成，否则也应由信托财产本身来承担。所以信托产品不能确保保本或达到一定的收益。在信托公司没有违背合同的情况下，信托损失只能由信托资产承担。如果信托公司违背了信托合同或相关的法律法规造成了损失，则可以向信托公司申请赔偿。在家族信托的合同中，一定要将赔偿条款列明，避免因为合同的疏忽造成委托人、受托人之间的法律纠纷。

**（五）其他因素**

1. 信托损失的赔偿情况

金融市场具有风险性，信托产品也具有很大的风险。从家族信托角度来看，委托人、受托人及受益人三者任何一方的债权人都无权主张以信托财产偿债。从委托人的角度来说，其既已将所有权让与受托人，其债权人自然就不能对不属于委托人的财产主张权利。从受托人的角度来说，他承受的只是名义上的所有权而非实质的或真正的所有权，因此，其债权人也无权对信托财产主张权利。从受益人的角度来说，他的权利只是依照信托规定享受信托利益，因此，其债权人至多只能代为受益人请求受托人交出依信托规定所享受的信托利益，而不能对信托财产本身提出任何主张。

2. 保管人制度

在信托合同中，还可以设立保管人，设立保管人的根本作用在于防止信托公司挪用信托资金，确保信托公司将信托资金用于信托文件约定的用途。保管人应当履行以下职责。

（1）安全保管信托财产。

（2）对所保管的不同信托计划分别设置账户，确保信托财产的独立性。

（3）确认以及执行信托公司管理运用信托财产的指令，核对信托财产交易记录、资金和财产账目。

(4) 记录信托资金划拨情况，保存信托公司的资金用途说明。

(5) 定期向信托公司出具保管报告。

(6) 当事人约定的其他职责。

可见，担当保管人必须具备以下三个条件。

(1) 能够切实有效地担当保管责任。

(2) 规模相对较大、抗风险能力较强。

(3) 有着良好的信誉。

在我国，保管人一般是由开设信托财产保管账户、安全保管信托财产的商业银行担当。由于大型商业银行拥有比信托公司更为广泛的资源和实力，委托人也更加信任大型商业银行，信托机构应寻求与大型商业银行合作，由大型商业银行承担中介和保管人的义务，专业信托机构承担信托方面的职能。

3. 受益人挥霍财产的问题

家族信托的目的是使家族后代受益，但是不可否认，个别的家族继承人可能存在挥霍浪费的现象，这样，家族财产可能很快被挥霍殆尽，导致创始人的初衷不能实现。因此，为了防止继承人肆意浪费家族财产，可以在家族信托合同中加入相关条款，避免这种情况发生。例如，规定受益人不能利用信托中的利益清偿债务，这样受益人只有从信托中得到应得利益，而不能提前将未来的权利和利益转让于债权人。如果债权人要求将受益人的债务通过家族信托转让，受托人可以拒绝此要求。

4. 风险防范

家族信托中存在风险，而如何避免风险是委托人和受托人必须考虑的问题。在家族信托中存在的主要风险有信用风险、市场风险、利率风险、管理风险、流动性风险和其他风险等。对各种风险都要事先采取防范措施并全程监控，例如，对信息风险，可以采取"谨慎人投资"方式成立决策委员会，委员会全体成员都同意投资决策时，才实施该项决策。

## 二、家族信托的常见信托契约

常见的信托合同契约可以分为可撤销信托（revocable trust）、不可撤销信托（irrevocable trust）、固定信托（fixed trust）、全权信托（discretionary trust）、浪费者信托（spendthrift trust）和永久信托（perpetual trust）。

表 5-3 常见信托类型

| 信托类型 | 简介 |
| --- | --- |
| 可撤销信托 | 委托人随时可以终止或者更改信托协议 |
| 不可撤销信托 | 委托人不能随意终止或者更改信托协议 |
| 固定信托 | 受益人的类型、利益分配率等条件固定 |
| 全权信托 | 受托人可以酌情将信托利益分配给受益人 |
| 浪费者信托 | 防止信托受益人挥霍财产而设立的信托 |
| 永久信托 | 委托人将期限设定为永久的信托 |

以下将对这些常见信托方式进行具体分析，并探讨它们在家族信托中的应用。

**（一）可撤销信托**

可撤销信托（revocable trust）是一个包含个人财产和财产的所有权、处置、收益等一系列内容的法律文件。在美国，可撤销信托也经常被用于生前信托（living trust）中。它是由委托人设立来保存其财产，然后受托人从委托人的利益出发，投资于别的事务达到财产保值增值的目的，受益人为委托人的信托产品。在委托人死后，遗产将根据信托中规定的方式处置。

在可撤销信托中，受托人可以是自己、其他个人、银行或信托公司。之所以称为"可撤销"，是因为委托人可以在不丧失行为能力的前提下修改或者终止该信托。一般来说，该信托对委托人的税务及资产产权并无任何影响，也不会对债务起任何保护作用。

大多数信托协议允许委托人在任何时间从信托中提取任何资金或资产。在委托人丧失行为能力的情况下，受托人有权继续管理委托人的信托资产，支付账单，并作出投资决定。这样可以避免法院指定受益人财产监护人，是可撤销信托的优势之一。当委托人死亡时，受托人（或委托人的继任者，当委托人自己是受托人时）负责支付所有的债权和税款，然后按信托协议的规定分配资产给受益人。

委托人的资产，例如银行账户、房地产和投资，必须在委托人死亡之前正式移交给他的信托，这样，受益人才能从信托中获得最大利益。在这个过程中，委托人的资产所有权必须被转移给信托，没有完全转移的资产不会被承认，并会由遗嘱认证决定归属。当然，不是所有的财产都适合可撤销信托，一些财产在转移时会涉及所得税问题。

可撤销信托对受托人来说有以下四个优势。

（1）可撤销信托不经过遗嘱认证。自然人去世后，遗嘱并不能保证其财产能顺利地分配给后人。只有经过法官的鉴别，遗嘱才能生效，这个法律程序被称为"遗嘱验证"，它需要时间和费用。可撤销信托的设立可以使遗产不经过"遗嘱验证"，直接到达委托人所希望的受益人手中。

（2）防止法院在委托人死亡或患有精神疾病时得到其资产控制权。在现实生活中，委托人可能突然出现意想不到的疾病、死亡或者丧失行为能力，提前准备一份可撤销信托可以安排好财产分配情况，避免由法院裁决。

（3）可使委托人将受益人设为子孙辈，而自己依然获得资产的控制权。委托人可能希望子孙辈能够从自己的财产中获益，但为了防止意外，依然希望能拥有财产的控制权，这时，受益人不一定是委托人，通过这种方法，而自己依然拥有资产的控制权。信托的优势就得到了体现，信托可以使委托人将受益人设为子辈或孙辈。

（4）防止家庭财产争斗。通常父母在遗嘱或生前信托内，都会指定将来遗产由子女平均分配继承，可是，有部分父母由于各种原因，给予不同的子女不同的遗产价值。例如，顾及某子女生活较困难，或者某子女对父母特别照顾，便将较多的资产分给他；或者可能有父母对某子女不满，便故意将该子女在遗嘱中删除，或给予其较少的遗产。虽然父母可以自由决定如何分配遗产，但分配不均可能使后人为此争执，失了和气，甚至对簿公堂，不时有人到法院为遗产分配事宜提出诉讼。

由于遗嘱较容易产生争议，所以找律师订立可撤销的生前信托比较稳妥，有些家庭甚至在签署信托过程中，用录像机录下为证，并录下律师对分配条款的解释。此外，在信托协议中加上不可争议条款，令提出争议的子女丧失继承权，也是常用的策略。可撤销信托的一大优势是可以经常对信托条款进行微小的修改，这样在产生争执时，法院可以采用前一次的文本条款。以美国为例，任何合法的成年人都可以创建一个可撤销的生前信托，并可以委任任何有行为能力的成年人作为受托人。大多数委托人选择委任银行和信托机构管理其财产和资产，而不是委任一个人作为受托人。一个可撤销的生前信托成立包含三个阶段。

（1）委托人状况良好。可撤销的生前信托的第一阶段是委托人在世，并且不受任何会影响其决策的疾病困扰。在此阶段，委托人有自由调整投资决策和改变信托内容的权利。

（2）委托人无行为能力。可撤销的生前信托的第二阶段是委托人由于疾病或其他原因丧失行为能力，无法作出判断时，如果委托人是受托人，那么他将不再是受托人，新受托人将按照协议中的内容任命，新受托人将有权处置委托人的资产，支付委托人的票据等。

（3）委托人死亡。可撤销的生前信托的第三阶段是委托人已死亡，在这个阶段，受托人会将委托人所有的税收、票据、债务等支付，然后委托人的剩余财产将按信托协议中的规定分配。

在信托中，通常还会包括以下三份相当有用的附加文件。

（1）倾注遗嘱（pour-over will）。倾注遗嘱的作用是将没有放入可撤销生前信托的资产，将来都按生前信托条款处理。

（2）财务管理授权书（durable power of attomey）。财务管理授权书的作用是在万一委托人无力管理产业或作出财务决定时，由代理人（agent）代为办理。

（3）医疗授权书或预先医疗指示（advance health care direcive）。医疗授权书或预先医疗指示的作用是万一自己无法作出医疗决定时，由代理人代做决定。这三份文件可以确保可撤销生前信托满足委托人的意志，并且防范意外情况的发生。

### （二）不可撤销信托

与可撤销信托相对，不可撤销信托（irrevocable trust）是一个一经签署便不能更改或撤销的信托。但是，这种不可撤销也不是绝对的，在个别特定的条件下，信托协议依然是可以更改的。在美国，不可撤销信托被广泛用于人寿保险领域。设立人寿保险信托最初是为了弥补保险制度的不足，避免未成年子女不善运用保险金或保险金遭监护人挪用。人寿保险经常是遗产的主要项目。投保人可以提供保险金给其配偶、子女或孙子女，或者将钱交给一个慈善机构。投保人购买人寿保险的最大愿望就在于能够保护受益人，让他们生活得更好。

美国人寿保险金的给付在符合美国《税收法》（IRS）第 7702 条的规定下可免交所得税。但是，被保险人死亡时，如果被保险人持有或控制保单，或者保单所有权由被保险人控制的任何实体持有，例如，一家公司或一个信托，保险金就会被包含在遗产税的应税财产中。大额保险金计入遗产很可能导致被保险人的遗产超过遗产税免税额，保险金本身也会因缴纳遗产税而损失，这样就使得继承人不能得到被保险人的全部保险金和遗产。将收取保险金、指定受益人、保单贷款和其他任何保单权益转移给第三方，并满足一些运作规定，可以将保险金从被保险人的应税遗产中分离出来，从而免缴遗产税。

第三方可以是被保险人的配偶，但是若该配偶死亡之前未将这笔保险金花掉，则剩余金额仍要作为遗产缴纳遗产税；如果将保单权益转移给被保险人的孩子，可能面临孩子未成年或不具备管理和处置保险金的能力，并且被保险人常常不希望其子女马上消费这笔保险金等问题。在很多案例中，家长让其成年子女作为受托人，而父母并没有按期缴纳保险费，导致保单失效。与此相比，将保单交付信托具有明显优势。

首先，受托人可以按照被保险人生前的规划支配保险金，保障未成年受益人的合法权益，使其按照投保人的意愿享受保险金的收益；其次，作为一种特殊的信托，人寿保险信托可以为被保险人提供专业的资产管理。一方面，表现在受托人可以将被保险人的多份保单集中管理；另一方面，在被保险人去世后，受托人需要按照被保险人的指示处理保险金。例如，人寿保险信托可以用保险金来为被保险人支付遗产税；如果被保险人希望保险金能为其家庭提供持续的收入，或者用作家庭成员的特殊用途，受托人将会在信托合同约定期间对保险金进行投资和持续管理。最后，如果将保单交付信托，可以实现保单财产隔离，使保单现金价值和保险金免受诉讼和索赔。

因此，在美国，人们广泛采用不可撤销人寿保险信托（irrevocable life insurance trust，ILIT）的运作模式。投保人将保单的所有权转移给受托人，不具有变更信托合同的内容及受益人设定的权利。信托公司接受委托人的委托，为其制订保险计划、签订保险合同，还要负责在被保险人去世后受领保险金并依照双方在信托合同中的约定处理保险金。通过订立不可撤销人寿保险信托计划，委托人将一切保单权益转移给受托人。

美国《遗产税法》对于保险金的免税规定非常严格，而这种模式全面考虑到《遗产税法》的规定，保证受益人对于保险金的收益权成为一种确定的、不可撤销的利益，并将保单从被保险人的应税遗产中完全分离出来，满足美国税收法的保险金免遗产税规定，成功实现避税。因此，不可撤销人寿保险信托计划也成为美国最常使用的遗产税避税方式。

在美国，不可撤销信托也可以用于生前信托中，例如，在生前信托内声明，将来夫妇中任何一方离世，属于死者的资产应如何处理。信托可指定由未亡人或子女继承产业，或指定其遗产全部或部分归入特别信托内，该信托称为"绕道信托"（by-pass trust），或简称为B信托，为不可撤销信托的一种，作用是保留死者的个人遗产免税额。

另外，不可撤销信托的"不可撤销"也不是绝对的，委托人在损害其债权人利益的情况下，债权人有权向人民法院申请撤销其信托。按照信托财产独立性的原则要求，信托成立后，信托财产由委托人委托给受托人并独立于委托人、受托人、受益人的财产而存在，因此，在信托存续期间，委托人、受托人、受益人的债权人无权就信托财产主张权利。有些委托人就利用信托财产独立性的原则设立信托使自己的财产减少，致使自己无法清偿全部债务，损害了债权人的利益。因此，我国法律为防止委托人利用信托转移财产，逃避债务，保护债权人的合法权益，赋予委托人的债权人申请撤销信托的权利。

按照我国法律规定，债权人行使撤销权应同时满足以下条件。

（1）委托人设立信托前，其债权人的债权已经存在。

（2）委托人设立信托后，因为用自有财产设立信托导致无法清偿全部债务。

（3）债权人向人民法院提出了撤销申请。

债权人的撤销权自债权人知道或者应当知道撤销原因之日起一年内不行使的，归于消灭。按照我国民法原理及我国法律规定，被撤销的民事法律行为从行为开始起无效。就信托来说，法院判定撤销信托后，将导致信托自成立起便不产生效力，所有已经发生的行为和事实，均可以依法撤销。但是法律同时对善意受益人进行了规定，因为他对信托损害债权人的利益并不知情，也没有损害债权人的恶意，因此，对于他已经取得的信托利益，不因该信托的撤销而受影响。

对比可撤销信托和不可撤销信托，家族信托宜采取不可撤销的形式。不可撤销信托有以下三个优势。

（1）保护受益人利益。在家族信托中，信托机构人力、物力投入巨大，很多资产属于长期资产，采取不可撤销信托的方式，使这些长期投资有确定的最终截止日，使信托机构能更好地安排信托计划，投资方向和目的更加明确，从而更可能获得较好的投资收益，达到资产保值增值的目的，并最终维护受益人的利益。

（2）控制信托资产风险。在家族信托中，如果采取可撤销信托的方式，那么信托机构为了防止委托人撤销协议，可能追求短期内的高额收益率，从而为了短期内的收益采取更加冒险的方式，在可能取得巨大收益的同时承担着蒙受巨大亏损的可能，无形中加大了信托资产的风险。采用不可撤销信托，信托机构可以采取更稳健的投资方式，控制信托资产投资中的风险。

（3）避免家族纷争。家族内部的遗产争夺往往是非常惨烈的，在争夺遗产的时候，家族成员将大笔金钱浪费在了法庭上，同时在家族成员之间造成了难以愈合的感情创伤。可撤销信托也可避免家族纷争，但是通过不可撤销信托，可以更加明确家族中各个成员分配的遗产数额，不用担心自己的份额随时可能被取消，从而更好地避免家族成员内部纠纷。

### （三）固定信托

固定信托（fixed trust）是与全权信托（discretionary trust）相对的一个概念。在固定信托中，各受益人分配资产的多少、何时分配等都注明由委托人全权决定，不由受托人决定。

固定信托可以最大限度保证受益人按照委托人的意愿得到自己应得的收益，但是，固定信托也可能造成一些税收方面的损失，这是它与全权信托相比的一个劣势，因为它规定了每个受益人具体的分配份额，不能随意修改，导致可能出现刚好超税等情况。

家族信托如采用固定信托模式，则须在信托中注明以下五点。

（1）受益人数量。在固定信托中，受益人数量是确定的，不能随意更改。家族信托委托人必须确定好受益人的数量。

（2）受益人的利润分配率。每个受益人分配利润的多少也是固定的，委托人决定每个受益人分配利润的多少，且不能随意更改。

（3）资产或利润分配时间。在信托协议中，还应注明何时分配资产或利润。对于资产和利润，可以每年分配，也可以约定时间支付，例如受益人上大学时、结婚时、生小孩时等。

（4）剩余财产分配率。在信托协议到期时，对于剩余财产如何分配，也要在固定信托协议中明确。受益人通过信托协议的规定在到期时得到自己的利益。

（5）受益人出现意外时分配率的调整情况。在个别情况下，受益人可能死亡或丧失行为能力，在这些情况下，利润分配率和剩余财产分配率如何调整，也应该反映在信托协议中。

总之,固定信托的一切几乎都是固定的,在信托协议生效以后就不能随意更改了。

### (四) 全权信托

全权信托(discretionary trust)是由受托人决定对受益人的分配、投资等事宜。全权信托是委托人将契约所载信托财产信托移转与受托人,全权委托受托人依其专业判断,在信托契约授权范围内,遵照契约及相关法令规定,为受益人的利益服务,办理有价证券、证券相关商品或其他经主管机关核准投资项目的投资或交易。

全权信托的信托财产指委托人为信托目的移转到受托人名下的财产,以及受托人因管理、运用与处分信托财产,或因信托财产出现灭失、毁损或其他事由取得的财产,还包括信托财产所产生的孳息、股息、股利、红利及其他收益。

关于证券经纪商、期货经纪商或其他交易对象的指定与变更,全权信托具有如下特征。除委托人与受托人另以书面约定外,受托人办理有价证券或证券相关商品的投资或交易的证券经纪商、期货经纪商或其他交易对象,由受托人全权指定,变更时亦同。受托人指定的证券经纪商、期货经纪商或其他交易对象不以一家为限。受托人指定时应评估该证券经纪商、期货经纪商或其他交易对象的财务、业务及信用状况,并注意适当分散,避免过度集中。

受托人与其指定证券经纪商、期货经纪商或其他交易对象有相互投资关系或控制与从属关系时,应揭露载明。该证券经纪商、期货经纪商或其他交易对象如有变更,且受托人与其有相互投资或控制与从属关系时,受托人应通知委托人。

关于信托账户的开立,受托人为办理全权委托业务,应为受益人利益,向证券经纪商、期货经纪商或相关交易对象办理证券买卖账户及其他相关账户的开户,并与证券商、期货经纪商或其他交易对象签署受托买卖、有价证券集中保管、金融机构存款账户开户契约及其他所需契约。受托人办理各账户开户时,应符合有价证券投资及其他相关法令规定,并应于各项契约签订及开立账户手续与其他必要手续均完成后,才可进行相关全权委托投资等行为。

受托人应依《信托法》《信托业法》《证券投资信托事业证券投资顾问事业经营全权委托投资业务管理办法》《信托业兼营全权委托投资业务操作办法及其

他相关法令》《相关同业公会规章》，就信托财产对有价证券进行投资买卖。受托人在信托目的范围内，对信托财产具有运用决定权。除受托人与委托人另有约定外，受托人对信托财产的运用应单独管理运用。例如，委托人与受托人约定将信托财产运用于信托资金集合管理运用账户时，该信托财产应依集合管理运用账户条款约定，与加入该集合管理运用账户其他委托人的信托财产为集合管理运用。受托人应将信托财产与其自有财产及其他信托财产分别管理及保管，并依相关法令办理信托财产保管及过户等事宜。受托人应指定专责人员办理信托财产的保管事宜。

对于各项费用及其支付方法和信托财产留置的办法，下列支出及费用应由信托财产负担，并得以由受托人径自拨付信托财产，但信托财产不足以支付或自信托财产拨付依受托人判断将不符信托目的者，受托人得以径行请求委托人或受益人连带负清偿或补偿责任，或提供与之相当的担保：①受托人的信托报酬（包括绩效报酬）；②为管理、运用或处分信托财产应支付的交易对价、证券经纪商、期货经纪商或交易商佣金、有价证券买卖交易手续费、集中保管费用，以及其他直接或间接成本和必要费用；③管理、运用或处分信托财产应支付的相关税捐；④受托人所定信托事务所受损害或因而与第三人发生诉讼、仲裁及其他交涉所生的一切费用，但因可归责于受托人事由所致损害，不在此限；⑤其他所定信托事务所产生的费用或负担的债务。

受托人因运用信托财产买卖有价证券及证券相关商品，应将证券经纪商、期货经纪商或其他交易对手退还的手续费或给付其他利益，作为信托财产买卖成本减少。除委托人声明自行与证券经纪商、期货经纪商或其他交易对手另行议定手续费率者外，受托人应本着公平忠实原则，与受托证券经纪商、期货经纪商或其他交易对手议定手续费率，并应负责将退还手续费的方式声明于其与证券经纪商、期货经纪商或其他交易对手签订的开户契约或相关契约中，全权信托关于出席相关会议股权行使，应遵循全权委托证券交易账户持有发行公司的股票、债券、国内证券投资信托事业所发行的证券投资信托基金受益凭证、信托业所发行的共同信托基金、境外基金的基金股份、投资单位或受益权凭证时，除另有约定或委托人及受托人另以书面约定外，由受托人基于受益人的利益全权决定出席股东会、债权人会议或受益人会议及行使表决权事宜。受托人、其负责人或受雇人行使前项表决权时，不得转让出席股东会债权人会议或受益人会议委托书或借行使表决权而收受金钱或其他利益。

受托人应依《信托法》《信托业法》《全委管理办法》《业务操作办法》《信托业应负的义务及相关行为规范》与其他相关法令，并以善良管理人的义务管理运用信托财产，并负忠实义务，不得为自己或任何第三人谋取利益。委托人及受益人同意受托人使第三人代为处理信托事务，该第三人应符合相关法令所定资格条件。受托人使第三人代为处理信托事务者，仅就第三人的选任与监督其职务的执行负其责任。委托人信托的信托财产或受益人的信托受益权有遭法院命令查封、扣押或强制执行等限制有价证券权利行使的事由时，受托人于知悉时应立即通知委托人或受益人。例如，信托财产因可归责于委托人的事由有遭法院命令查封、扣押或强制执行等限制权利行使的情况，致无法完成信托财产的交割，委托人应自行负责完成交割义务的履行，并依有关法令负损害赔偿责任及因而所产生的其他任何责任。

对于全权信托的解除条件，一般为委托人于签订信托合约后，尚未开始本契约的信托行为前，未依委托人与受托人所约定的下列任一事情发生时：①委托人于签订信托契约后，尚未开始契约的信托行为前，未依委托人与受托人所约定的时间交付或存入足额的信托财产加计应给付的任何交易手续费或相关费用，经受托人以书面通知仍未于约定日期内补足交付的，受托人须以书面通知委托人解除契约。②受托人于契约签订后，无正当理由不依约定期限开始信托行为；经委托人以书面通知仍未在期限内改正的，委托人须以书面通知受托人解除契约。③因不可归责于双方当事人的事由，致本契约签订后一定期限内仍无法开始信托行为，任一方当事人均须以书面通知他方解除契约。

下列任一事情发生时，委托人可终止本契约：①于契约签订之日起 7 日内。②委托人随时以期限内的事前书面通知送达受托人终止契约，但委托人与受益人非同一人者，除另有保留外，非经受益人同意，其终止不发生效力。③受托人违反契约的约定，经委托人以书面通知限期改正，受托人仍未于委托人所定期限内改正者。④受托人解散、申请重整、申请破产宣告或停止营业时。⑤受托人因撤销或废止许可，致不能继续经营全权委托投资业务。受托人因停业、歇业或经营不善，经主管机关命令受托人将全权委托投资契约移转于主管机关指定的其他信托行业时，如委托人或受益人有反对的意思表示或不为意思表示，契约视为终止。

下列任一事情发生时，受托人可终止契约：①受托人得随时以期限的事前书面通知送达委托人终止契约。②委托人违反契约的约定，经受托人以书面通知限期改正，委托人仍未于受托人所定期限内改正者。③受益人死亡或丧失行为能力、解散、申请重整、申请破产宣告或停止营业时，但委托人与受益人非同一人，且委托人保留变更受益人的权利者，不在此限。

### （五）浪费者信托

浪费者信托（spendthrift trust）也是一种信托，指的是年轻的或没有能力管理遗产信托财产的家庭成员对财富进行传承的信托。浪费者信托最初主要是为了防止委托人的财产被该信托的受益人浪费而设计的。为那些家境虽好但生活却没有节制、自控能力差的人而设计的制度，"纨绔子弟"指的就是这样一类人。后来，浪费者信托不为那些挥霍浪费的"纨绔子弟"建立，在许多情况下，主要是为了保护受益人，由于其自身的不谨慎、缺乏能力、智力低下和其他被损害的利益，只有建立浪费者信托才能保证其受损害程度降到最低。一旦设置了浪费者信托，就意味着，受益人不是自由支配自己的收入；受益人不受债权约束。信托是一种以保护主要受益者为目的的浪费者信托。例如，知道孩子有各种恶习且难以纠正，父母可以把孩子需要的相关费用交给受托人或者信托公司。在这样一个信托计划中，受托人控制信托的收入和支出，按照受益人的实际需要，将生活费用分次少量地提供给受益人。受托人可以绕过受益人，将费用直接支付给提供服务的第三方，例如，直接支付学费，直接支付机票和住宿费，以避免受益人用于别的用途。受托人甚至不需要咨询受益人父母就可以拒绝受益人的一些奢侈消费，例如，去酒吧喝酒以及和不良伙伴挥霍等。

受益人的信托专门针对受益人的不良习惯，避免被委托的财产被他们挥霍。为了使信托财产一直处于安全状态，委托人也可以在信托文件中规定严禁转让受益人，受益人不能过早终止或转让给债权人，抵押贷款信托财产和收益。其债权人在信托财产事实上转移给受益人之前不能接近或得到受益人的利益。换句话说，债权人无权要求和主张。因此，即使受益人是挥霍无度的人，其特定的财产也不会被合法债权人占有。这种浪费者信托不仅适用于青年一代，也适用于长辈，例如，富有孝心的儿女将费用直接支付给老年护理院本身，而不是支付给老人，这样可以避免后者陷入骗子的陷阱。信任限制消费能够起到未雨绸缪的作用，使得分辨能力较弱的老年人免于落入欺诈的陷阱，能够安度晚年。浪费者信托自产生以来，就伴随着争议。由于其独特的目的而被广泛应用；但也因其独特的目的，受到许多批评，然而，在辩论中，浪费者信托不但没有消失，反而得到越来越蓬勃的发展。

在我国，法律和现实应用的理论研究都处于不断上升的状态。随着中国经济的发展，人们将更加关注他们手中的财富。作为一种有效的财富，浪费者信托延续必然会逐渐进入人们的视野。浪费者信托源于英国，但其发展已是一个美国化的制度。

普通法认为，对物的所有权来说，处分权是所有权的基本权能；对债务人来说，他有义务用自己的财产来偿还债务。这两者是所有权不可分离、不可轻易否定的元素。在很早的时候，赠与人及立遗嘱人就很为这两点烦恼，他们很想将自己的财产赠与他人或留给后人，但又不愿看到受赠人或继承人挥霍财产。浪费者信托的内容却与普通法的一般理论相反。浪费者信托中的"标准型"条款是受益人不可处分信托财产且其所获利益不受其债权人主张的约束。1880年以前，美国遵循英国先例，认为浪费者信托无效，但此后，美国大多数州的法院均认为浪费者信托是有效的。在美国，大多数州认为处分权能不是所有权的一项必要权能，所以委托人可以依据自己的想法来处分财产，可以设立浪费者信托。更进一步说，就是在设立浪费者信托时，委托人没有必要在信托条款中明示受益人不可处分信托收益或者受益人是个"败家子"等，但是指明了也无妨。这也是美国理性的逻辑结果。美国也有少数州遵循英国的做法，认为浪费者信托无效。浪费者信托在美国的状况与英国刚好相反，是多数承认，少数例外。

对于浪费者信托，虽然已有大部分地方承认了其合法性，但对于浪费者信托的争论从未停止。公共政策成为反对者的有力武器。反对者认为，人们不能只享受权利而不承担义务；浪费者信托会导致人们逃避债务；委托人设置浪费者信托是对受益人的债权人的欺骗（在实践中，很多债权人借助公共政策而获得了补偿）。他们还认为，浪费者信托阻碍了物的流转，影响社会利益。浪费者信托的受益人是在社会秩序最顶端发展的一群"寄生虫"，他们认为有一点"良知"的人都不应支持浪费者信托，任何人都应该知道履行承诺、偿还债务是义务，法官更应该知晓。罗得岛州的一个判例写道：当然，一个人可以没有财产来生存，但是他应该偿还债务。同理，被用来享乐或收益的财产应该被用来作为正义的补充。而支持者们认为，浪费者信托的支持者用个人意志自由、浪费者信托是为受益人利益等理由来反驳。

首先，支持者们认为个人自由且合同神圣不可侵犯。所以委托人可以对自己的财产作出处置，而且委托人可以通过设立信托方式，订立财产不可移转的条款。

其次，公共政策应该支持浪费者信托，因为社会不希望那些挥霍者成为"贫穷的人"而依靠社会福利去救济。浪费者信托是为了那些不能管理自己事务的人设立的。浪费者信托中受益人的现状并没有被大家重视，人们一直在讨论委托人的权利问题。浪费者信托在保护行为能力欠缺的受益人上起的作用要远大于对完全丧失行为能力人的保护。法律如果认为任何人均有义务偿还债务，法律也应该为那些不能保护自己的人提供帮助。

现如今，浪费者信托多是为了受益人的利益而设立，所以法院的态度也渐渐倾向受益人。受益人所获收益为衡平法上的利益，绝对不可以滥用浪费者信托带来的权利，因为这种滥用的行为是"邪恶"的。如果受益人滥用权利，用成语来表述就是"恩将仇报"，这在我们心理上是不能接受的。涉及浪费者信托中的受益人，我们必须关注以下两个问题：一是什么样的人可以成为受益人？二是保护受益人到什么程度？

关于受益人的范围，浪费者信托从很早开始就不单单是为浪费者而设立的信托。在早期，为成年人设立的浪费者信托会被认为无效。后来，美国有的州规定委托人可以为任何人设立浪费者信托；大多数认可浪费者信托效力的州都赞同对受益人范围作出限制，例如配偶、子女、孙子女或者委托人道德上应承担抚养义务的亲戚等可以成为受益人。同时，这些人应该是欠缺一定行为能力的，年老、残疾或遭受损害、不能被信任为可以处理好自己生活的、容易上当受骗的等而可能导致自身利益受损的人。如果受益人有能力且足以谨慎处理好自己的事务，这样的人是不能成为浪费者信托中的受益人的。目前，大部分人认为，对受益人作出限制是有必要的。虽然信托为衡平法产物，但是我们不能误解衡平法的初衷或者过分夸大衡平的作用。如果任何人都可以成为浪费者信托中的受益人，那么社会将处于停滞状态，这显然是不行的。如果有能力且足以谨慎处理好自己事务的人成为浪费者信托中的受益人，那么这个社会会富者永富，人与人之间的差距就固定下来，社会呈现另一种停滞。我们有必要对受益人作出限制：委托人近亲属或委托人道德上要承担抚养义务的人且欠缺行为能力的人，才是合格的受益人。

浪费者信托意在保护受益人，但是受益人获得的保护范围需要讨论。如果委托人设立一份浪费者信托，是让受益人享受奢侈生活，恐怕这将引发多数人的反对，而且也不符合浪费者信托的本意。所以受益人获得的收益能保证其基本生活需要就可以。美国许多州就作出这样的规定：受益人通过浪费者信托获得的收益足以支付人的教育与基本生活即可；弗吉尼亚州通过立法规定浪费者信托中涉及的信托财产总额不超过 20 万美元。还有的州通过规定委托人的权利来确定受益人可以获得的保护范围：委托人在信托中设定债权人无权主张每周 12 美元以下或每年 5000 美元收益的 90%。加利福尼亚州与纽约州法院采用保持生活状态的原则。这样来说，挥霍者就不能挥霍财产，也可以很好地满足委托人的愿望；对于其他受益人来说，生活也有了保障。

浪费者信托在家庭成员中具有非常重要的影响。古语说："一人得道，鸡犬升天"。虽然用这句话来形容浪费者信托中的受益人不恰当，但是作为受益人的家庭成员，他们能否享受受益人的收益却在实践与立法中引发了讨论。在美国的一些州，夫妻之间的财产分配要遵循"法定份额"的原则。法定份额是指根据各州法律，生存的配偶有权依据法律要求获得已故配偶一定比例的财产，通常该比例为 1/3 或 1/2。但在有些州，具体比例还要考虑这对夫妻是否有未成年子女或者这对夫妻婚姻关系的存续时间。更多的州采用这种做法，如果已故配偶留有遗嘱，那么仍然生存的配偶要作出选择，要么获得遗嘱中分配的财产，要么获得法定份额。有时法定份额是以其另外的法律别名为人知晓，例如遗孀产或鳏夫产，强制或选择份额。人们根据法定份额的规定，认为有的配偶是放弃了法定份额而成为浪费者信托中的受益人。受益人之所以成为受益人，是作出了选择。如果受益人在信托设立时有债务要还，那么他或她就有可能放弃法定份额。

**（六）永久信托**

永久信托（perpetual trust）是指无期限限制的信托，永久信托的存续期由双方当事人协商确定，可以长或短，甚至可以是无限期的。永久信托是指以需求的存在为依托的信托模式。它没有确定具体的截止日期，但是没有永久性的效力，它消失的原因可能是在某个时点实现了信托目的或者由于某种原因使得目的消失。例如，信托财产已被消耗，受益人死亡，信托计划的自然终止等。对于高净值群体而言，永久信托是非常有益的，他们可以永远免除缴纳相应的转让税。美国直到 1980 年才渐渐允许永久信托关系的建立，共有 18 个州和哥伦比亚特区允许这样的信托基金存在。

与"永久信托"对立的有效信托，是在一个特定时期或在指定期内信任建立有效的信托，例如，为在学校的受益者提供相应费用的信托等。根据英美财产法规则，这种有效信托必须是以有效的特定时间或日期为标准，而不是基于在世的这种事实而定，后者在本质上是一个永久信托，而有效信托（或者期限信托）具有一定的确定性和时效性。然而，同样可能由于信托受益人死亡的整个时期或者事实发生的具体情况，以及信托计划未能实现相应的目的而使得信托提前终止。

英美信托法律对于私益信托存续期限是有一定限制的。英国针对反对永久积累和永久信托制定了专门的法律，明确规定对受益人终身受益的信托目的，如果没有指定受益人的"寿命"效益，效益一般是指一定时期内死亡后（通常是21年）有效；没有明确指定的，为80年。当然，公益信托有效存续期限不受上述条件的限制，只有出现一些特定情况，例如，信托计划的目的确认为没有办法实现或者是信托财产已经被耗尽或者消失的，才能终止信托计划。

## 第三节 财产保护类家族信托模式及产品设计

### 一、财产保护类家族信托概述

基于个人财务管理"风险管理由于追求收益"的原理，高净值人士的首要财富管理需求是对已有财富进行有效保护。事实上，高净值人士可能面临的潜在风险有很多，例如过高的企业经营风险、不合理的资产配置、婚姻解体以及税收负担等。鉴于此，金融机构可以通过财产保护类信托为高净值人群面临的可能产生的财产受损风险提供专业的金融解决方案。

实现财产保护目标的家族信托方式主要有三种。第一种是风险隔离信托，即高净值个人的一部分家族财产通过设立信托与其他财产隔离，一旦其他财产发生风险，设立信托的财产可以免予被追索的危险。第二种是生活保障信托，高净值个人将其一部分财产设立信托，信托的收益用于满足其家庭成员的保障性生活需要，防止其发生经营风险或其他意外时，其家庭成员生活失去保障。第三种是税收筹划信托，即根据高净值个人的财务状况，通过信托方案的专门设计实现其税收筹划目的。

## 二、风险隔离信托

### （一）业务介绍

家族信托目前在国内刚刚起步，作为财产保护的工具，其优势非常明显，2012年国内富豪吴亚军的离婚案为国内高净值家庭近距离了解这种工具提供了范例，这必将成为国内富裕家庭财富管理的趋势。

吴亚军夫妇的离婚，并没有产生股权纷争，其所拥有的龙湖地产公司的股价一直保持着稳定态势。这主要得益于吴亚军夫妇早在公司上市前就已经设立了完善的以家族信托为依托的持股架构，因此，即使夫妇二人出现了婚姻的变故，所可能引致的公司股权变动和经营风险也能够避免。

现在，我国已经有越来越多的企业主采用这种方式保护家族股权的完整，已经披露在媒体上的，例如，SOHO中国董事长潘石屹夫妇和雅居乐公司陈氏兄弟及夫人等都采用家族信托方式持有公司股票。这让我们清晰地认识到家族信托在解决家族企业股权变动方面的优势。风险隔离信托的主要目的是为了防止婚姻关系变动对企业经营管理产生的不良影响。另外，风险隔离信托也用于将一部分家族财产与其他财产隔离，防止其他财产发生风险时对家庭财产造成的连带偿付责任。破产隔离是信托制度的核心功能，我国《信托法》规定，信托财产与委托人未设立信托的其他财产相区别。信托财产与受托人所有的财产（固有财产）相区别，不得归入受托人的固有财产或者成为固有财产的一部分。因此，信托制度能够实现高净值个人投资于多个领域，在获取各个领域的投资收益时，实现风险相互隔离的功能。

在国外发达国家和中国港澳台地区，家族信托已经成为高净值人士进行财产保护的首要和必然选择，但是我国对信托的了解还不深入，家族信托的观念还没有形成，由于婚姻变故等引起的股权纷争问题屡见不鲜，家族财产安全受到威胁。因此，对于我国目前辛辛苦苦创业的企业第一代来说，选择家族信托，有利于确定清晰的财产关系，从而防止婚姻关系变动后产生的财产纠纷，或者防止破产后的一败涂地，这是保护财产完整的一条有效可靠的途径。

### （二）设计分析

1. 目标客户

一般为持有公司股份的家族企业的高层管理人员及其配偶，或者资产种类繁多，存在很多风险资产的个人。

2. 业务流程

目标客户将其股份及其他资产委托给信托机构，信托机构根据客户的资产状况和需求，为其设立一个合理的信托结构，满足其风险隔离的需求，同时根据其资产情况制定合理的管理和投资方案，以实现该资产的保值和增值，在其风险状况发生时，对信托财产进行合理的分配和管理。流程可分为以下六个步骤：(1) 信托公司内部建立风险隔离信托管理委员会，制定风险隔离信托的流程及规章制度；(2) 通过营销渠道寻找客户；(3) 与客户签订协议，明确信托财产的范围以及双方的权利和义务；(4) 信托财产的清点和交接；(5) 根据信托协议对信托资产进行管理和投资；(6) 在信托到期和风险状况发生时对信托资产进行处理和分配。

风险隔离信托的运营模式设计为：（1）委托人将信托资金投入信托计划；（2）受托人根据信托协议对信托计划进行管理；（3）受托人通过投资运营，获得收益，并通过信托协议中的规定收取费用，且向其他服务机构支付相关的费用；（4）委托人要将信托财产交给托管人进行托管，托管人对信托财产的投资管理进行监督；（5）中国银保监会负责对信托资金进入资本市场、货币市场以及产品市场的监督。

3. 要素设计

（1）委托人和受益人。根据委托人和受益人是否相同，可以将信托计划分为自益信托和他益信托。在为防止家族企业股权变动的这类信托计划中，通常为自益信托。在以将风险资产和家庭财产进行隔离的信托计划中，既可以是自益信托也可以是他益信托，这类信托能有效防止风险资产发生风险时对家庭财产造成的影响。

（2）信托标的物。股权信托的标的物基本上为公司股权，能防止夫妻离异及其他原因造成公司股权的大幅变动，影响企业的发展及稳定。个人家庭财产的隔离信托计划中信托标的物可以是股权、债权、现金、房产不动产、知识产权等多种资产。

（3）信托期限。信托期限的确定相对灵活，可以根据委托人的需求进行合理的设定。

（4）信托费用。因为风险隔离信托的主要目的是进行风险的隔离，而不是注重收益，所以信托费用主要是收取管理费，可以由委托人和信托公司进行商议确定是一次支付还是每年支付一定的管理费。由于信托产品通常期限较长，所以大多情况应该是每年支付管理费。信托费用主要包括：文件或账册制作、印刷费用；信托计划信息披露费用；银行保管费；信托计划推介发行、代理收付费；信托计划相关的专业服务机构收费（例如律师费等）、财务顾问费用、监管费用、咨询服务费、代理机构手续费等；信托计划后期管理运用的费用；信托终止，清算时发生的费用；信托计划相关的其他费用；按照国家有关规定可以列入的其他费用。

### 三、生活保障信托

#### （一）业务介绍

生活保障信托是高净值人群将其一部分财产设立信托，信托的收益用于满足其家庭成员的保障性生活需要，防止其发生经营风险及其他意外时，其家庭成员生活失去保障。现代社会面临各种各样的风险，企业也面临着许多风险，例如政治风险、宏观经济风险、政策风险等。《中国中小企业人力资源管理白皮书》显示，目前我国在册登记的中小企业已经超过 1000 万家，占所有在册企业数的九成；中小企业对我国工业产值和纳税贡献非常大，分别占到全国企业总数的六成和四成。同时，中小企业创造了大量的城镇就业机会，并且近年来，在全国每年出口总额中，中小企业占到六成左右。可以说，中小企业目前已经成为我国经济的重要力量。但是数据也显示，我国近 1200 万家中小企业中，平均从业规模仅为 13 人，与国外发达国家相比有着较大的差距。这反映出我国中小企业发展存在不足。同时，调查显示，我国中小企业平均寿命仅为 2.5 年，与国外发达国家企业平均寿命 40 年相比差距甚远。可见，做大做强的中小企业还是数量太少。由以上调查结果看出，企业主设立一个生活保障信托是十分必要的。这主要是为了防止以后企业发生风险状况时其能有一个稳定的生活保障。

#### （二）设计分析

1. 目标客户

生活保障信托的目标客户可以是家族企业的创始人及其高管，或者其他从事高风险职业的高净值人群。

2. 业务流程目标客户

将其要投的资产委托给信托机构，信托机构根据客户的资产状况和需求，为其成立一个信托计划，满足其生活保障的需求，信托公司按照双方商定的协议对受托资产进行处理，达到保值增值的目的。出于生活保障目的的家族信托业务与风险隔离信托的主要区别在于其设立目的的不同，其业务流程和运营模式比较相似，在此不再赘述。

3. 要素设计

（1）委托人和受益人。生活保障信托通常情况下为他益信托，受益人资本市场货币市场产品市场受托人托管人一般为委托人的配偶父母子女及其他家庭成员，当然也可以是与自己有利益关系的其他人。在信托受益的分配时可以根据需要设置相应的限制条件。

（2）信托标的物。生活保障信托的标的物应该为风险相对较小的资产，因为保障信托的目的就是为了防止未来发生的风险导致生活没有保障，所以低风险的资产是保障信托较为理想的标的物，例如现金、股票、债券、不动产等。

（3）信托期限。保障信托的期限较为灵活，可以由委托人和受托人进行一定的商议，确定一个合理的信托期限，保障信托的期限一般为子女有能力处理家庭财产时为止。

（4）信托费用。可以由委托人和信托公司商议决定费用支付形式。第一种是年费方式，一年一缴纳，按信托资金数目抽取一定比例费用；第二种是按收益收费，可以按投资收益抽取一定比例信托费用；第三种是一次性缴纳信托费用。

（5）监管。银保监会对信托的运营进行监管，同时保管人也会对委托人是否按照信托协议处理信托资产进行监督。

4. 信托财产的处理原则

受托人对信托财产进行管理、运用，应当恪尽职守，履行诚实信用、谨慎勤勉的义务，为受益人的最大利益服务。

## 四、税收筹划信托

### （一）业务介绍

所谓税务筹划就是纳税人合理而又合法地安排自己的经营活动，使自己缴纳可能最低的税收而使用的方法。税收筹划是合法避税的技术性操作，它不同于偷税。偷税是明知不合法而故意采取的偷逃税款的行为，通常采取伪造、隐匿、擅自销毁账簿、记账凭证，或者多列支出，不列、少列收入，或者经税务机关通知申报而不申报，或者进行虚假的纳税申报以达到不缴或者少缴纳税款的目的。避税是指纳税人利用《税法》的"漏洞"，少缴税或者不缴纳税款的一种行为，表面上避税虽然没有直接违反《税法》条文，但是违背了税收的立法精神，从而损害了国家和社会的利益。而税收筹划不仅不违反法律规定，而且也不违背立法精神，因而属于一种正当的行为。也有人把避税分成合理避税和不合理避税，认为税收筹划就是合理避税。税务筹划是在符合《税法》精神的前提下对税收政策的积极利用。税收筹划信托，其含义是根据高净值个人的财务状况，通过信托方案的专门设计实现其税收筹划目的。

**（二）设计分析**

采用信托方法进行合理避税，就是利用这种灵活的机制打破传统《税法》对纳税人的限制和规范。信托委托人通过采用信托方式对财产重新分配利益，改变纳税主体、纳税人数、纳税地点、纳税义务发生时间等要素，达到避税的目的。考量家族企业合理避税的方法，以分散信托收益、虚拟公益信托、离岸信托等较为常用。

（1）分散信托收益由于我国采取的是累进税率，收入越高则适用的边际税率越高，信托的一个重要的功能是转移和分散财产，因此，可以在面对征税财产数量较大的情况下，采用《信托法》有效地降低课税，以减少纳税人的负担。

（2）虚拟公益信托所谓公益信托，是指成立人出于慈善和公益的目的而设立的信托。因此，世界各国目前对于此类信托中的信托财产和收益有一定的政策优惠，例如，对各种税赋的减免等，这是合理和常见的规定。因此，一些高净值客户将公益信托作为税收筹划的手段进行考虑。例如，信托人将财产做公益信托，转移财产后主张向信托作出的支付为可抵扣的公益捐助。但事实上，向公益信托作出的支付是为了委托人或其家庭的利益。

（3）离岸信托又可称为境外信托，一般是指在境外设立的，并且受托人不在本国居住或者不在本国习惯居住的本国居民委托人设立的信托。目前的海外离岸属地有几十个，例如开曼群岛、百慕大群岛、巴哈马等，各自都有其优势，可以根据客户所要实现的目的来决定。其避税的方式主要有：第一，通过离岸信托转移财产。委托人将信托财产转移到离岸属地所设立的信托机构，就可以成功避免由这些财产产生的税收负担。第二，与利用国际税收协定的避税方式相结合。即信托人在某个国家设立离岸信托，然后到与该国有税收协定的其他国家进行经济活动，这样就可以使该信托得到一定的协定优惠。第三，设立自益信托隐瞒对关联公司的控制。信托委托人通过设立自益信托，把其所有的关联公司委托给离岸地的信托机构进行管理，信托机构就成了关联公司名义上的所有人，该公司的真实所有权就被隐藏了，这样委托人就可以在一定程度上摆脱《税法》对关联交易的约束，从而减轻税收负担。第四，设置多重信托获取税收优惠。不同的避税地对信托的法律规制各不相同，委托人可以利用各避税地的优惠制度选择在不同的避税地设立信托，以尽可能减少税收。

## 第四节 财产传承类家族信托模式及产品设计

### 一、财产传承类家族信托概述

财产传承类家族信托的目的是根据高净值个人所处的生命周期，通过信托方案实现其家族财产、股权的平稳转移和管理，防止因其个人生命问题而影响家族企业正常运营，这类信托产品在我国有巨大的市场需求。

根据统计数据，截至 2013 年底，我国个人可投资资产总额达到 73 万亿元，与 2012 年同比增长约 19%。目前，我国高净值家庭所拥有的可投资资产总额为 33 万亿元。从区域分布来看，北上广地区高净值家庭户数最多，辽苏闽等东部沿海省份紧随其后。

改革开放、实行市场经济 30 多年后，我国第一代创业者的发展周期已经到了向第二代交班的时候。随着高净值人士年龄的逐渐增大，子女已具备了接班能力，对财富的传承需求越来越多。同时，目前世界各国普遍征收遗产税，我国征收的呼声也越来越高，避税筹划等意识的提升也推动了对财产信托需求的提高。2013 年《中国私人财富报告》显示，在高净值人士中，1/3 有财富传承规划的考虑，而超高净值人群的这一比例更高，达到近半数。

根据《中国家族企业发展报告》，我国的家族治理企业在未来 5～10 年内，将迎来一轮大规模的家族传承潮。随着第一代创业者年龄的增长，逾 300 万家家族企业面临接班人的问题，预计传承的财富值为 4 万亿～7 万亿元。如何平稳顺利地传承财富，并且实现保值增值，是高净值人士普遍面临的问题。因此，如何顺利传承数额巨大的家族财富，不仅是亟待解决的社会难题，对于信托业也是一个巨大的商机。对财产传承类信托产品来说，蕴含着一个非常广阔的市场。

除了高净值人群传承常规财产的需求，保险信托市场也蕴含巨大的潜力。根据过往责任事故的案例统计推断，我国每年因被保险人去世而涉及的保险理赔金约2万亿元，如果信托机构能够开发出保险类信托产品，那必然带来巨大收益。总之，国外的家族财产传承信托已经有了成熟的发展，我们熟知的一些富豪，例如洛克菲勒、希尔顿等都采用信托管理家族财富。我国虽然还处于起步阶段，但随着市场经济的发展，家族财产传承信托必然会成为人们尤其是高净值人士普遍使用的财富传承手段。根据财产传承类家族信托的运作特点，可以将其划分为四种典型的信托模式，即养老信托、子女保障信托、人寿保险型信托和遗嘱信托。

## 二、个人养老信托

### （一）业务介绍

从目前我国政府管理的养老基金的情况来看，政府作为养老基金的管理人是不太理想的。一是因为政府在资金管理上存在监管不严、容易滋生腐败的问题；二是政府在投资方面态度谨慎，不如金融机构专业，财富增值能力低。因此，笔者建议可以引入信托的模式来进行养老基金的管理，以克服上述问题。

信托公司一是作为专业金融机构可以采用多种投资工具进行广泛投资实现财富的保值增值；二是信托公司与其他金融机构相比，更适合做实业投资，这就更能保证资金的多元化投资，提高资金运用的安全性，从而保证个人账户基金在较为安全的投资环境中获得相较于存款和购买国债更高的收益；三是采用这种方式在管理成本上相对较低、风险适中，也能达到财富保值增值的效果。

因此，我国个人养老基金应该尽快实现信托化运作，通过建立个人账户信托平台来保证运作效率。当然，随着我国老龄化问题的严重程度越来越深，政府也应该积极支持养老基金信托的发展，建立养老基金运作和监管体系，这是保证其顺利发展的前提。养老信托模式的目标客户是有一定经济实力但又由于各种原因无法得到家庭有效照顾的高净值中老年人。

### （二）设计分析

1. 业务流程设计

委托人通过和信托机构签订信托协议，将财产的所有权转移给受托人，受托人按照委托人需求，为其制订养老计划，计划中包括养老机构安排、医疗以及去世后的丧葬事宜等；同时运用信托财产进行投资管理，实现财产保值增值，在委托人死亡后遵循遗愿对财富进行分配处置。在财产管理的运营上，可以采取以下模式：委托人成立个人账户基金委员会，该委员会负责和信托公司签订协议，将个人账户资金信托给信托公司，由其管理运营。这样可以保证委托人的权益。

（1）委托人将信托资金缴付给个人账户基金管理委员会。

（2）个人账户基金委员会将资金交由信托机构运营，并负责支付信托费用。

（3）信托公司通过投资运营获得收益，并通过信托合同中的费用协定，由受益人享受收益所得。

（4）设置个人账户基金监督委员会，监督个人账户基金委员会的各项活动，同时监督个人账户运行的全过程。

（5）银保监会负责对信托资金进入资本市场、货币市场以及产品市场的监督。

2. 要素设计

（1）委托人和受益人。根据委托人和受益人是否相同，可以划分为自益养老信托和他益养老信托。自益养老信托是指委托人和受益人为同一人，信托目的是保障自身的养老问题；他益养老信托是指信托的委托人和受益人不是同一人。委托人同时以自己和他人的利益设立的养老保障信托，一般认为是他益养老保障信托。此种分类的意义在于，现实生活中设立养老保障信托，不仅本人可以作为委托人本人受益，自己为自己的养老做筹划，同时其配偶、子女、亲属、朋友、所属机构等都可以作为委托人，有利于满足老龄者及其相关义务人财产流动取向和应用价值定位的意愿，为增进老年人福祉提供信托渠道。

（2）信托标的物。目前大多数的资产都可以作为养老信托的标的物进行信托，现金、不动产、古董、知识产权等都属于该范畴。

（3）个人账户基金委员会。该组织由委托人设立，主要负责信托的各项具体事务，包括通过信托方式将资金交由信托公司投资运营，以及向信托公司支付费用等。

（4）个人账户基金监督委员会。指专门监督个人账户运营管理的机构，主要成员应包括社会贤达人士和家族成员等，社会人士应占较大的比例。

（5）信托期限。可由委托人与信托公司商议决定合同生效和失效日期。失效日期可规定为受益人去世后财产处理分配完毕的日期。

（6）信托费用。可以由委托人和信托公司商议决定费用支付形式。第一种是年费方式，一年一缴纳，按信托资金数目抽取一定比例；第二种是按收益收费，可以按投资收益抽取一定比例信托费用。由于养老信托的特殊性，信托期限不定，不推荐一次性缴纳费用的方式。

### 三、子女保障信托

（一）业务介绍

信托可以分为增值管理型和非增值管理型两类。现在大众普遍了解和关注的多为以赚钱为目的的增值管理型信托。但是，对于高净值人士而言，他们本身可能就具备比信托机构更强的赚钱能力，如何管理和运用钱是信托机构更擅长，也是委托人更关心的。

对于设立子女保障信托的高净值人士来说，最主要的目的不是为了财产的增值，而是为子女的成长和发展做好安排。高净值人士希望能有优秀的继承人，使得辛苦积累的财富能够继续传承，但是对于继承者来说，财富可能使他们的成长变得更为复杂。父母长辈通过为子女设立保障信托，将部分财产所有权交由受托人，由其按信托协议分期定额向子女支付生活、教育或其他费用。这样不仅能保证子女不被巨额财富影响，有较为健康的成长环境，也能防止一旦出现离婚的状况，由于向子女支付抚养费而遭到子女监护方恶意侵吞的可能。

（二）设计分析

按照客户的目的不同，可以将子女保障信托分为不同的业务类型。

1. 有多名子女的家族

高净值人士家族往往子女数目较多，使用子女信托不仅能够保证每个子女的教育、生活、医疗需求，更重要的是能避免子女因为财产继承引发矛盾和纠纷。方式包括两种：一种是为每一个子女建立单独的信托计划；另一种是在每一个信托计划中规定每个孩子的具体受益分配。

（1）信托期限。由委托人与受托人共同商议决定，规定子女受益的时间，例如，未成年的时候就开始还是成年后才可以。

（2）信托费用。可以由委托人和信托公司商议决定费用支付形式。第一种是年费方式，一年一缴纳，按信托资金数目抽取一定比例费用；第二种是按收益收费，可以按投资收益抽取一定比例信托费用；第三种是一次性缴纳信托费用。

（3）信托标的物。可以使用资金、股权、债权、房地产等进行信托；可以不进行投资理财，信托公司只履行管理分配财产的职能；也可以委托受托人进行稳健性的投资理财实现财产保值增值。

（4）受益人。受益人为委托人指定的子女，委托人可以规定受益人的分配比例和顺序；受益人的权利在信托计划中应有规定，即其使用信托基金的支出范围；受益人的获益方式在计划中也应有所体现，例如，其从信托基金中获取收益的频次、数额等；信托计划中可规定子女出现哪些行为后就不得获得收益。

（5）监管。设立监督委员会，由社会贤达人士和委托人共同担任委员，监督信托运作情况。

2. 子女不具有理财能力

每个家族都不能保证有优秀或者适合的子女作为下一代创业者管理好家族财富，因此，可以通过设立子女信托，将大笔资产信托给信托机构，由受托人按照信托计划向子女按时按额度支付生活费用。更有考虑长远者，还可以设立隔代子女信托保障孙子女辈的生活。要素设计等与上述信托较为相似，不再赘述。

3. 留学子女保障信托

中国目前海外留学生人数逐年增多，是一个消费能力较高的庞大群体，对于年轻的子女而言，由于缺乏监护和自律能力，非常容易出现高昂生活费管理不善的问题。因此，他们的父母可以通过设立信托帮助留学生管理财产，既保证了生活，又不会产生财富被挥霍一空的后果。

目前国内还没有这种信托业务，有此类需求的父母会求助于境外的金融机构，这些机构会按照委托人的要求管理财产，给子女发放必要费用，同时进行一些稳健性的投资。因此，如果一旦国内信托机构把握好商机，推出此类产品，必然能填补空白，获取巨大收益。该类信托产品的期限一般较短，受益人留学停止后就可以停止。该信托相对来说标的物数额较小，可以设立一个集合信托计划，以便集聚资金，进行投资。

## 四、遗嘱类信托

### （一）业务介绍

遗嘱信托是一种财产管理制度，是指立遗嘱人于遗嘱中载明将其全部财产或一部分在其死亡后信托于受托人，使受托人依信托本旨为遗嘱中所指定受益人分配财产。委托人设立遗嘱信托的目的一般是希望在其死亡后，通过信托延续其个人意志，确保遗产可以依照其生前的规划来运用，使受益人能够享受到信托财产的利益。具体来说有：第一，遗产按照其意愿分配给各继承人，妥善照顾好在世人的生活，同时自己的财产在传承过程中不会被稀释；第二，在后代无意或无能力或暂时无法继承自己的事业时能使自己的事业得以延续；第三，实现遗产保值增值。遗嘱信托模式的目标客户是拥有自己家族产业的高净值人士，希望自己在去世后该产业仍能可持续发展，避免因继承人之间的析产或者无法胜任而对家族产业造成不利影响。

（二）设计分析

（1）委托人生前与信托公司签订信托协议或将信托条款落在遗嘱中，提出自己的遗产继承和财富管理需求，明确信托目的和信托期限。遗嘱信托生效时间通常与遗嘱生效时间一致，即委托人死亡。伴随遗嘱信托的生效，信托财产从委托人处委托移交给信托公司，信托公司根据被继承人提出的需求设计遗嘱信托架构，主要包括财产管理和运用方式及时间安排、受益人安排等，满足委托人财富继承和管理的需要，并忠于委托人的意图，遵循受益人利益最大化原则，恪尽职守，延续委托人的规划，实现信托目的。委托人死亡之时遗嘱生效，不再享有包括信托财产所有权在内的任何民事行为能力，因此，相对于其他信托类型，委托人的权利是非常有限的。

（2）信托公司根据信托协议管理、运用信托财产，并按约定定期向继承人支付信托财产增值收益，信托结束时一次性返还信托财产本金或信托存续期间按约定分批返还信托财产本金给继承人（无论届时信托财产处于何种状态），实现信托财产在受托人与继承人之间的流转；同时在信托存续期间定期或应要求向继承人提供信托财产管理、运用和收支情况报告，接受监督，配合其监督检查。在受托人不尽职等情况下，继承人可解除受托人。

（3）委托人、受益人与信托监察人的关系。信托监察人是为了维护受益人利益而设置的，信托监察人与委托人及受益人的关系类似于监事会与股东之间的关系，是委托履行监督职能与被委托的关系。信托监察人通常由财产被继承人或者受益人指定，并接受其委托代为监督信托公司执行信托协议的行为和效果，以及行使某些权利，例如，受托人处置信托财产不当出现纠纷时，代委托人或受益人提起诉讼等。信托监察人执行监督职能时遵循受益人利益最大化的原则，并就监督情况向受益人或生前代遗嘱信托的委托人汇报。

## 五、人寿保险信托

### （一）业务介绍

人寿保险信托是指将理赔金作为信托标的物，被保险人通过与信托机构签订信托协议，当理赔发生时，保险公司将保险金直接交付予信托公司，由信托公司按照信托协议对该财产进行管理运用，并按协议将财产分配给受益人。人寿保险信托的客户是在保险公司投保死亡保险的客户。具体来说，人寿保险信托的使用客户有受益人是未成年人或身心不健全者、被保险人是家族企业经营者、购买巨额人寿保险的投保人以及具有遗产规划动机的群体。

### （二）设计分析

保单被保险人可以通过与信托机构签订信托协议，将保险赔偿金作为标的物进行信托，在被保人去世后，由受托人出面负责和保险公司办理赔偿事宜，运用和管理获得的理赔金，并按照信托协议向受益人支付收益。这种信托产品的优点有：一是由信托公司出面和保险公司办理赔偿事宜，既省时省力，又能保障保险人的合理权益；二是将保险金进行信托，既避免了受益人挥霍，也能够实现财产的保值增值。人寿保险信托已经在国外开展多年，成为国外人们最常使用的遗产避税方式，也是人们最常使用的遗产规划工具。目前我国已经有征收遗产税的趋势，2010年我国新修订《中华人民共和国遗产税暂行条例（草案）》，在不远的将来势必要将被继承人去世后遗留的财产作为征税对象，向遗产继承人征税，因此，此方法将大有市场。

# 第六章　家族信托的税收分析

## 第一节　家族信托的税收环境

### 一、家族信托在国内的税收环境

目前，国内的税法对于家族信托方面的规定还不是很明确，本书中涉及的税收测算均以税务机关最严格的尺度把握和说明。通常税务机关对家族信托财产征收相关税收时，主要体现在家族信托设计、分配和清算三个环节。在家族信托设计阶段，委托人将家族财产转移给信托公司的过程中，形式上看需要办理财产权属的名义转移手续，但目前法律并未明确规定此种财产转移不属于财产转让，因而对税务机关来说，可能会按照财产转让对待来征收相关的税收。

在分配阶段，家族信托财产会根据委托人的要求分配给受益人，就我国目前的税收环境而言，可能会涉及个人所得税的征收，如果涉及股权和房产转移，还可能会涉及企业所得税和增值税的征收。最后阶段，信托财产清算就是结束信托，将信托公司财产由受托人转回委托人的过程。清算阶段与设立阶段的税收环境是相同的，而目前国内税法相关规定并不清晰，在清算阶段极有可能被税务机关认定为财产所有权的转移，因而会征收相应的税收。尽管目前我国家族信托的税收环境不是很理想，但也可以与税务机关进行正面沟通，说明家族信托业务的特殊性，按照"法无明文规定不征税"的原则取得税务机关的理解。

### 二、家族信托在国外的税收环境

目前从世界范围来看，对税收的规制和管理趋紧。2013年，在20国集团

（G20）的倡导下，经济合作与发展组织（OECD）发表了一份"应对税基侵蚀和利润转移"（BEPS）的报告，并随后发表了一份长达40页的行动方案。该方案包含了预防打击税基侵蚀和利润转移的15项行动要点。这份方案提出了要积极应对数码经济带来的税收上的挑战，并针对跨国公司目前普遍使用的一系列的避税方案提出了应对措施，例如复合金融工具、滥用税收协定、转移定价等。更重要的是，BEPS方案将引入国际间税收征管的紧密协作机制。届时，各国税务机关将在更深程度和更广维度展开合作，应对跨国避税问题，可谓开历史之先河。从某种程度上说，目前跨国公司和国家税务机关存在着信息不对称的问题，而这种信息不对称在税基侵蚀与利润转移（BEPS）架构下将被弱化。在20国集团的支持下，BEPS不是一个务虚的方案，其将对日后的国际税收环境产生深远的影响。

美国也于2010年通过了《海外账户纳税法案》（FATCA），主要目的是打击美国公民和绿卡持有者离岸逃税行为。该法案规定，符合条件的美国公民和美国绿卡持有者，在国外银行存款达5万美元以上、企业账户保单资产在25万美元以上的要向美国国税局申报。从2014年起，外国金融机构必须向美国国税局提供美国公民、绿卡持有者，或者3年累计往来美国超过183天以上的美国税务居民的海外账户资料，否则将被处罚其在美国所得30%的罚款。美国银行客户向海外金融机构转账，如果银行无法获得客户依《海外账户纳税法案》所需提供的资料，客户的金融转账金额将被预扣30%。2014年6月24日，美国与中国就FATCA达成实质上的《跨政府协议》（以下简称《协议》），截至7月1日，全球范围内，与中国一样签署实质性《协议》的国家（或地区）已达52个，一旦协议正式执行，持有绿卡或加入美籍的人在世界各地的金融信息均将对美国政府透明；中国居民在美国金融机构所开账户的账号、相关收益，乃至开户人姓名和住址等信息，也可能对中国政府透明。

表6-1对几个重点国家和地区的与家族信托有关的税收做一简要梳理。

表6-1　　　　　　　　　　各国家族信托的税收环境

| 国家或地区 | 遗产税税率 | 个人所得税税率 | 企业所得税税率 | 是否与美国签署信息互换协议 | 是否与中国签署双边税收协议 |
|---|---|---|---|---|---|
| 中国内地 | 20%～50%（80万元起征点，尚未开征） | 工资薪金月收入的3%～45%，个体户合伙人：年收入的5%～35%，其他收入每次收入额的20% | 25%，小微企业20%，高新技术企业15% | 是 | 是 |

续表

| 国家或地区 | 遗产税税率 | 个人所得税税率 | 企业所得税税率 | 是否与美国签署信息互换协议 | 是否与中国签署双边税收协议 |
|---|---|---|---|---|---|
| 美国 | 2017年底新税改：无遗产税 | 综合税制，按全年全部个人收入的10%~39.6% | 20% | 是 | 是 |
| 加拿大 | 无遗产税 | 各省不同，在4%~21%之间 | 26.50% | 是 | 是 |
| 澳大利亚 | 无遗产税 | 全年收入的19%~45%（免征额18200元） | 30% | 是 | 是 |
| 中国香港地区 | 无遗产税 | 工资税和个人提供服务，税率从2%~17%，但每名纳税人合计缴纳的税款不会高于其总收入的15%股息利息不征税 | 税率：法人16.5%，其他15% | 是（2014年3月25日签署） | 是 |
| 新加坡 | 无遗产税 | 居民个人税率：年收入0%~20%不等（免征额2万新元），对海外收入不纳税；非居民是以统一税率15%征税 | 2010年起税率17%，并享受前30万新元应税所得的免税 | 否 | 是 |
| 英属维尔京群岛 | 无遗产税 | 无个人所得税 | 无企业所得税 | 是 | 否（但有信息互换协议） |
| 开曼 | 无遗产税 | 无个人所得税 | 无企业所得税 | 是 | 否（但有信息互换协议） |

## 第二节 家族信托税制的基本内容

自2001年《中华人民共和国信托法》生效以来，我国的税收法律制度没有针对家族信托的特殊结构设置税制，而是适用现有的税制，使信托或成为避税的工具或被双重征税。2006年，日本作为世界第二大经济体，从对应新型信托的税制、防止规避租税等确保课税的中立性、公平性的角度对有关信托的税制做了相应的修改，并完善了信托税制。由于日本与我国在思想文化上存在诸多的相似之处，且同属大陆法系，因此，对我国家族信托所得税制建设具有相当的借鉴意义（本章第一部分所涉及的相关法条均来自日本）。

日本的信托税制没有设立特别法，而是散见于各种税法中。按照信托的利用形态，日本信托税制可以分为五种类型，分别是受益人等课税信托、法人课税信托、集团投资信托、退休年金信托、特定公益信托。按照纳税主体与课税时点，可以分为收益发生时对受益人的课税信托、受益人受领收益时对受益人的课税信托、对受托人课税的法人课税信托。

## 一、日本信托税制的基本类型

### （一）受益人等课税信托

所谓受益人等课税信托，是指属于该信托财产的收益及费用被视为该受益人的收益与费用而课以所得税的信托。受益人等课税信托的受益人与《信托法》中规定的受益人的范围有些不同，当某人满足下列两个条件时，将被视为受益人对其进行课税：（1）现在享有变更信托的权限；（2）获得信托财产的给付。只享有极少变更信托权限的，不在此限。

《信托法》中信托财产的受托人是信托财产的所有人，信托财产产生的利益构成信托财产，受托人是信托利益形式上的归属主体。但与信托的基本结构相悖，在税制上，直接对实质享有信托利益的受益人征税时，受托人起导管功能。这种情况的信托课税又称为"本文信托"。本文信托存在确定受益人的，将该信托财产的收益及费用视为该受益人的收益与费用直接对受益人课税。作为本文信托的例外，规定了"但书信托"。但书信托的课税一般分为向受益人分配利益时对受益人课税的信托与在信托设立阶段对受托人课税的信托。

#### 1. 信托设立时的课税

信托设立阶段，委托人需要将财产转移给受托人，会产生消费税、流转税（登记许可税、不动产取得税、印花税等）、转让所得税（对出让主体进行的课税）。在自益信托中（委托人与受益人为同一人的信托），因为没有实质的经济转移，类似于委托人兼受益人将财产保存在其他人处，即使委托人将财产转让给受托人，在《所得税法》以及《法人税法》上不视为是对受托人的转让。这样，根据经济归属主体对受益人课税，排除了对信托利益的双重课税。税法以委托人与受益人是同一人的自益信托为前提。在他益信托中（受益人为他人的，或受益人为多人的），需要计算转让损益，课以赠与税。在《消费税法》上委托人对受托人的财产转移，不视为财产转让，也没有委托人与受益人为一人的条件限制。

在替代遗嘱信托中（日本《信托法》第 90 条），受益人没有支付相应的对价取得受益权的，受益人是个人的，在信托生效之时，需要支付遗赠税；以死亡以外的原因为条件取得受益权的，视为委托人对受益人的赠与，需要支付赠与税。委托人为法人的，未交付相应对价取得受益权的受益人为个人的，在信托生效之时，视为法人向受益人个人转让资产进行课税，个人作为受赠人的，对该受益权作为一次性所得进行课税。信托的委托人为个人，未交付相应对价取得受益权的受益人为法人的，在信托生效之时，对法人之受益人的受赠利益课税。委托人为个人的，受益权的对价不满信托出让资产时价的 1/2 的，视为以时价向法人进行的转让，课以转让所得税。

信托财产为不动产的，因信托取得不动产的受托人，不对其征收不动产取得税，也不征收委托人因设立信托向受托人转移财产权的登记许可费。信托登记的登记许可费也予以减轻。

2. 信托存续期间的课税

一般信托在信托的收益、费用发生时对受益人征税，受益人等课税信托的受益人，对所得的计算方法采用总额法。所谓的总额法是指按照受益人对信托财产所持有的份额，将资产与负债记载于受益人的借贷对照表的方法。

对损失的计算，有一定的时间限制。受益人为个人的，不动产产生的损失，不能与其他所得一并计算，只能在不动产所得的范围内合并计算。受益人为法人的，产生的损失超过调整信托金额的，超出的部分，不计入当年的事业年度的损失，转入下一年度，下一年度产生的利益，在一定额度内可以弥补损失。

信托资产作为受益人的资产，出让信托资产的消费税的纳税人为受益人，受益人所有的个人财产的消费税与信托财产的消费税合计申报纳税。

3. 受益权转让时的课税

受益权的转让，视为以该权利为目的的信托财产（资产与负债）的转让。原受益人向新受益人转让受益权，并且新受益人没有支付相应对价的，视为受益权的赠与或遗赠，课以赠与税或继承税。另外，多个受益人中部分受益人死亡的，视为缺失的受益人向剩下的受益人赠与，课以赠与税。

4. 信托终止时的课税

信托因达成信托目的或未达成信托目的而终止。信托终止后，受托人最重要的任务之一是清算信托财产，将剩余的信托财产交付给剩余财产受益人或剩余财产的权利归属人。

受益人为一人的信托终止，对该受益人给付剩余信托财产的，在《所得税法》《法人税法》《消费税法》上不认为对该受益人进行了财产转让。如果剩余财产的归属人与信托存续期间的受益人不是同一人的，当给付剩余财产的为剩余财产受益人的，在信托设立之时视为委托人向剩余财产受益人赠与或遗赠受益权，受益权的价值在信托设立之时根据信托财产的价值评估；当给付剩余财产的为信托财产归属权利人的，视为之前的受益人对该归属权利人的赠与或遗赠。此时，财产的价值根据信托终止时的价值来评估。

对受益权的评估，特别是将受益权分为本金受益权与收益受益权的情形，计算方法类似于信托存续中的受益人与信托终止后的剩余财产的受益人或权利归属人，一般以信托财产的总值扣除收益部分，剩下的视为本金收益或剩余财产的价值。

受益人等课税信托在现行法下，对所得税以及法人税的课税以单个的委托人和单个的受益人为前提，委托人为多个人或受益权分层时的有关税制，法律没有明确规定。

### （二）法人课税信托

法人课税信托，是指将受托人作为纳税义务人，与受托人固有财产所得相区分，课以法人税的信托。法人课税信托的受托人即使为个人，也要征收法人税。法人课税信托基本上（没有受益人或拟制受益人的信托除外）将受托人视为法人进行课税，因而不对受托人课以受赠税。但是，没有受益人或拟制受益人的信托要对受托人受赠信托财产的利益课以法人税。法人课税信托的受益人视为法人的股东，信托受益权视为股票或出资，信托的合并与分割视为法人的合并与分割；在信托终止时，视为受托法人的解散。法人课税信托的收益分配不作为减少资本盈余的分配（税后利润的分配），法人课税信托的本金分配作为减少盈余的分配处理。

法人课税信托的范围有：（1）约定发行受益证券的信托（不包括特定受益

证券发行信托)。(2) 不存在受益人等的信托。(3) 法人为委托人的信托。《信托法》还规定了法人为委托人的三种类型,这些类型的信托,对受托人的各事业年度所得课以法人税。(4) 投资信托(除了证券投资信托、国内公募投资信托、外国投资信托以外的投资信托)。(5) 特定目的信托。

受托人为两个以上的,各受托人受托的法人课税信托的信托资产等,视为一人的信托资产,适用法人税法的规定。此时,各受托人以主管信托事务的受托人为纳税义务人,缴纳法人税。

**(三) 集团投资课税信托**

集团投资课税信托,是指在受益人分配信托收益时对信托受益人课税的信托。主要有:(1) 共同运用信托(相当于我国的集合资金信托计划)。(2) 证券投资信托、国内公募投资信托、外国投资信托。(3) 特定受益证券发行信托。所谓的特定受益证券发行信托,是指《信托法》第185条第3款规定的受益证券发行信托中,符合所有要件的信托(集合信托计划以及法人课税信托中法人为委托人的信托除外。集合信托计划中,委托人的人数实质上为少数的,排除适用)。

集团投资信托在收益产生时不对受托人及受益人课税,视为委托人对受托人转让资产进行课税。受益人在获得利益分配时,按照利息所得或分红所得课税。转让集团投资信托受益权的,投资信托的受益权、特定受益证券发行信托的受益证券、集合信托中的借贷信托的受益证券被视为《金融商品交易法》上的有价证券,作为让与有价证券进行课税。在集合信托中进行资产让与的,在让与之时需要缴纳消费税,但与法人课税信托不同,不区分固有财产与信托财产。

**(四) 退休年金信托**

退休年金信托包括厚生年金基金合同、确定给付年金资产管理运用合同、确定给付年金资产运用合同、确定缴费年金资产管理合同、勤劳者财产形成给付合同或勤劳者财产形成基金给付合同、国民年金基金或国民年金基金联合会缔结的《国民年金法》第128条第3款或第137条15第4款规定的合同,以及有关适合退休年金合同的信托。对于这些信托,适用公共年金扣除政策,享受一定的优惠政策。一般情况下,企业缴纳部分作为损金算入(个人企业作为必要经费),在缴纳时不作为职工的工资征收所得税。对于职工缴纳的部分,视为生命保险金扣除项目。

### （五）特定公益信托等

对于《信托法》中的公益信托，符合一定条件可以享受税法上的优惠政策，在税法上设置了特定公益信托与认定特定公益信托的概念。

1. 信托设立时对捐出资金的课税

委托人为个人的，对认定特定公益信托的出捐款项视为特定捐款，可以扣除捐款额度，继承人或受遗赠人以继承或遗赠的金钱出捐信托的，除了不当减少继承税的情形，不算入继承税的课税金额。委托人是法人的，对特定公益信托的出捐款项作为一般捐款，在损金算入额度内可以作为损金处理，对认定特定公益信托的出捐款项与一般捐款的损金算入金额相同的额度内，可以另项算入损金。

2. 收益发生时的课税

收益发生时对委托人的课税，当委托人是个人时，由公益信托的信托财产产生的收益不课以所得税。委托人为法人的，税法上没有规定为非课税，由信托财产产生的收益包括在委托人的课税对象范围内。对于特定公益信托产生的收益不课税。

3. 给付时的课税

公益信托的受益人受领给付时，当受益人为个人，由信托财产支付助成金的，课以赠与税；委托人为法人时，作为临时收入课以所得税。受到财务大臣指定的学术贡献表彰或学术研究奖励或作为学资支付的，不课征赠与税、所得税。受益人为法人的，有关收益事业的给付课征法人税，收益事业以外的给付，不课征法人税。

## 二、对我国家族信托税制的借鉴

信托作为一种工具，越来越多地被我国家族企业所使用，但我国的税收法律制度没有针对家族信托的特殊结构设置税制，而是适用现有的税制。参考上述日本的信托税制，对建立和完善我国家族信托税制提出以下建议。

### （一）家族信托税制的立法模式

家族信托在设立、存续及终止环节都涉及税收，因此，制定一部单行法规制家族信托税制，确存很多难处。并且，如果一般税法开设继承税、赠与税等新的税种，就要对单行家族信托税法进行修改。日本将涉及的各个税种在相应的税法中予以规定，这样既可以避免遗漏，又可以保证与其他税种的税负平衡。因此，有学者提出建议采取分税补充模式。

## (二) 按不同家族信托类型确定信托课税主体及课税时点

由于信托的灵活性，家族信托实现的功能也多种多样。信托的多样性就要求家族信托税制既能促进信托的利用，又能保持税制的公平。因此，应根据家族信托的利用形态以及家族信托的实质经济利益关系，设置不同的纳税主体与纳税时点。日本采用了三种课税方式，其中，受益人利益发生时课税，可以避免双重课税。我国税制当前的主要问题是重复征税。因此，对于受益人经常替换的投资信托、集合信托计划等，应在受益人实际获取利益时征收所得税，这也是我国在税收制度中一直提倡的税收征管便利要素的体现。对于这类信托应建立受益人实际受领利益时课税的原则。除此之外，对于无法向受益人课税的信托，应施行对受托人课以法人税，避免其利用信托避税。

## (三) 关注家族信托实现的功能，调整信托税制

家族信托在商事领域及民事领域均有广泛运用。有时家族信托的利用不仅是为了创收利益，例如，年金信托是为了保证退休职工的基本生活，教育资金信托是为了身体不自由人的生活设立的信托，离岸信托是为了家族财富更好地保护传承等，应该从家族信托欲达成的目的适当调整信托税制。现行法规中，2002年8月22日，财政部发布的《财政部国家税务总局关于开放式证券投资基金税收问题的通知》规定，对投资者（包括个人和机构投资者）从基金分配中取得的收入，暂不征收个人所得税和企业所得税。《财政部国家税务总局关于信贷资产证券化有关税收政策问题的通知》中规定，特殊目的机构（SPV）应承担的税负采取了征免结合的模式，都是很好的典范。

## (四) 公益信托的税收优惠

从《信托法》制定至今，我国公益信托发展缓慢。但是越来越多的家族企业或个人慈善公益意识越来越浓厚，同时也为了推动公益信托发展，需要各方面的法律支持，税收支持占重要位置。2008年，银监会办公厅发布的《中国银监会办公厅关于鼓励信托公司开展公益信托业务支持灾后重建工作的通知》，鼓励各银监局、银监会直接监管的信托公司开展公益信托业务，以支持灾后重建。但由于没有具体的法律规定公益税制，使其没有可操作性。制定详细的税收法律以及鼓励设立公益信托的税收政策显得格外必要。例如，委托人出捐信托资金环节、信托收益发生环节以及信托收益分配环节，政策均应给予适当的优惠。

## 第三节　家族信托的所得课税分析

### 一、家族信托所得课税的概述

家族信托的主要精神在于：受托人是家族信托财产名义上的所有者，而真正享有利益的所有者为受益人。目前，我国针对家族信托涉及的税制，主要运用了信托的运行相关体系。英美法中规定受托人和受益人都以不同的方式对信托财产拥有所有权，即所谓在信托中存在的"双重所有权"。大陆法系国家采用"信托财产独立性"理论——信托财产在本质上是独立于委托人、受托人和受益人的独立财产。总的来看，两个法系都承认信托财产所有权的特殊性。正是由于这种特殊性，信托所得课税问题成为家族信托税制建设中的难点。

信托所得课税属于收益税，它是以纳税人的应税所得为课税对象的税种。无所得自然不必课征税收，同时并非有所得就必须纳税。确切地讲，信托所得课税可以分两个层次：第一层次是"有所得"，即存在客观收益；第二个层次是"所得应纳税"，即收益是应税所得。因为只有在"有所得"的前提下才有是否纳税的问题，在分析信托所得是否应该纳税问题时，应从上述两个方面进行把握。

对信托所得课税问题可以以信托架构为基础来进行研究。首先是信托成立时委托人将财产转移给受托人阶段，这一阶段对信托所得课税主要是转让财产所得课税；其次是受托人管理、处分信托资产及受益人享受信托利益阶段，该阶段为信托所得课税的核心阶段，涉及的税种最多（如公司所得税、资本利得税、个人所得税），面临的征税情况最为复杂；最后是信托结束受托人将财产转移给受益人或委托人阶段，这一阶段主要涉及个人与公司所得税。

### 二、我国家族信托所得税制的现状

我国当前并没有确立家族信托所得课税的基本原则，导致纳税义务人选择不清，重复课税现象发生。另外，我国当前家族信托所得税制在税收优惠和纳税时点选择上也存在一些问题和弊端。本章在借鉴发达国家经验基础上，对我国家族信托所得税制的基本情况进行了梳理。

### （一）纳税义务人的选择

按照我国现行税制中个人所得税和企业所得税制设计，信托机构不但要对家族信托财产所得缴纳企业所得税，同时受益人也要对分配所得缴纳个人所得税。这实际上是对家族信托所得的重复课税，有违税收公平原则，应当确立两者之一为纳税义务人。由于我国存在居民纳税意识不强，税收征管水平较差等制约因素，应当采取处理方式较为简便的税收政策，采取税收导管原则，选择实际受益人为纳税人。另外，针对信托"双所有权"的特性，在纳税义务人选择上应采取实质课税的原则，区分名义所有人和实质所有人，避免对名义上转变家族信托财产所有权的所得进行课税。

### （二）信托所得课征所得税的情形

他益信托成立时，家族信托契约规定的受益人享有的家族信托利益所得，并入当年的年度所得额课税。信托关系存续中，委托人追加家族信托财产导致受益人享有家族信托利益的价值增加部分，并入年度所得额课征所得税。自益信托关系存续中，变更后新的家族信托受益人应将其享受的家族信托收益并入变更年度的所得额课征所得税。当受益人不特定或尚未存在时，应以受托人为纳税义务人，就受益人所享受的家族信托利益所得按照特定扣缴率申报纳税。

对于下列情形不应课征所得税：信托行为成立时，委托人与受托人之间；信托关系存续中委托人变更时，原受托人与信托受托人之间；信托关系存续中，受托人依信托契约交付信托财产，受托人与受益人间；信托关系消灭时，委托人与受托人之间或受托人与受益人之间；信托行为不成立或撤销时，委托人与受托人间。

### （三）信托所得的计算

家族信托财产发生的所得，受托人应当于所得发生年度，按所得扣除成本、必要费用及损耗后，分别计算受益人的各类所得额，由受益人并入当年年度所得额，依法纳税。当受益人有两人以上时，受托人应根据信托契约的规定或推定的比例计算各受益人的各类所得额；其计算比例不明或不能推知的情况下，应按各类所得受益人的人数平均计算。

### （四）税收优惠的规定

在税收优惠的选择上应当严格限制，仅限于公益事业和社会保障事业。对于需要给予优惠的公益信托应在税法中加以明文规范。同时，对个人和企业捐赠公益信托的财产扣除，公益信托的管理也应有详细规定，避免将信托称为利益输送的工具。对于用于社会保障目的的信托品种，例如养老金信托等，也应在税收优惠中得以明确体现。

### （五）纳税时点的规定

在纳税时点的选择上应该坚持发生主义原则，在所得发生时课税，由受益人并入当年企业或是个人所得按规定缴纳税收。对于证券投资基金信托、共同基金信托等所得发生时不易课税的信托种类，可采取信托机构实际分配利益时，由受益人并入其实际分配年度的所得额，再予以课税。

## 三、家族信托所得课税的国际比较

由于受到信托业发展水平及税收体系建设等方面的约束，我国当前税法没有针对家族信托所得课税问题作出明文规范，相关规定较为分散且不够规范；同时，国内外针对家族信托所得课税也是沿用信托所得税制的体系，因此，我们有必要对各国信托所得税制进行比较、研究，以吸取其先进的经验。

### （一）英国所得税制概述

英国税法中与信托所得有关的税种主要是所得税、资本利得税两类。

1. 所得税

在英国税法中，受托人通常被视为与信托财产分离的、持续的自然人实体，因此，在对信托所得课税中往往不将受托人纳税地位考虑在内，信托纳税义务也不因受托人的改变而受到影响。信托所得税主要内容如下。

信托全部收益，不管其最终归属，都是纳税对象。个人所得税各种减、免税制度不适用于对信托所得课税。因此，无论信托所得收益是支付给受益人，还是被用作管理费用，或是被用于积累，都需缴纳所得税。对于受益人而言，在缴纳个人所得税时，无论从何种信托所获得的收益，信托管理支出费用都可以进行相应扣除。

信托所得税率一般适用所得税基本税率，即无论信托所得总额低于或高于基本税率收入级次，一律按23%的基本税率进行课税。如果信托所得来源是股息所得或是银行储蓄利息所得，则按20%低税率征收。另外，由英国累积与赡养信托和自由测量信托抑制被高收入阶层视为避税的工具，英国税法规定对两者所得按照统一标准34%的税率课税。

2. 资本利得税

资本利得税是对产权所有人处理资本资产（继承资产除外）所获利得单独课征的一种税收。通常，资本利得税是按照资产变现价值减去相关费用，得出未指数化的资本利得，然后再减去指数化宽免得出应税所得，受托人按34%的税率缴纳。当某人终生享有的权益随着死亡而终止时，如果其死亡不课征遗产税，那么原则上就应该缴纳资本利得税。反之，通常不需要缴纳资本利得税。

### （二）美国信托所得税制概述

美国信托往往作为一种公司组织形式来发展，其营业信托特征明显。由于美国信托业的发达，美国税法对信托的规定相当详尽，其中，与信托所得课税的税种主要有所得税、社会保障税。

1. 所得税

美国税法将信托视为独立实体，不必缴纳公司所得税，而采取比照个人所得税的纳税规则缴纳税款。其纳税人有两个：信托管理者应对信托的应税所得纳税；信托受益人应对其分配所得纳税。

（1）信托的应税所得。信托的毛所得包括当期分配给受益者的所得、累积所得、信托机构管理财产所得、资本利所得等。信托所得的扣除规定可以比照个人所得的扣除项目，例如，可以扣除资本利亏，可以扣除其资产的资本利得缴纳州的所得税部分等。此外，信托财产可按照税法的规定计提折旧和摊销，计提折旧额或摊销额根据受益者分配的净所得和总净所得间的比例关系来确定。信托还可以扣除经营亏损，当年不能扣除的部分可向以后年转结。但在计算净经营亏损额时，不得扣除慈善捐献额和分配给受益者的所得额。另外，为防止双重课税，在计算信托所得时，必须扣除已分配给受益人的所得。

（2）受益人分配所得。计入受益人毛所得的被分配信托利益所得，必须经过调整才能计入。即要在信托可分配净所得（DNI）的基础上，确定受益人的净所得份额。由于信托可分配净所得中计入了免税的利息等"特殊项目"，所以在计算受益者的所得份额时要专门减去特殊项目的数额。除特殊项目外，受益人还可以扣除从信托实体分配的某些扣除项目，例如信托的慈善捐赠、受托人的管理费用、缴纳的州所得税和动产税等。

（3）信托实体所得课税使用五级超额累进税率。其抵免项目有不能分配给受益人的外国税款和工作机会抵免。应纳税额等于信托的应税所得乘以使用的税率,再扣除税收抵免额。

2. 社会保障税(工资税)

美国的社会保障税是对工薪所得课征的一种专门用于社会保障支出的税种。当前社会保障税已经取代了公司所得税成为美国的第二大税。与美国大多数税种不同,社会保障税的收入将形成专门的信托基金,用于资助国家的社会保障计划。社会保障税税制较为简单,税基为工薪额,纳税人为雇主和雇员,税目为老年人、残疾人、遗属保障和医疗保险等,税率采取简单的比例税率(老年人、残疾人、遗属保障税率为6.2%,医疗保险税率为1.45%)。

(三)日本信托所得税制概述

日本信托所得税制源于英美,并经改良,日趋完备。由于日本与我国同属大陆法系,且在思想文化上存在诸多相似之处,因而对我国信托所得税制建设具有相当的借鉴意义。日本与信托所得课税有关的税种主要是所得税。日本所得税分为个人所得税和法人税(公司所得税)两种。所得税法对所得归属的确认原则为:凡归属于信托财产的收入和支出,当受益人确定时,以该受益人为信托财产的所有人;当受益人不确定或不存在时,以委托人为信托财产的所有人。在判定受益人是否存在或特定与否时,不是以信托关系的确立时为准,而是以实际支出及收入发生的现状为依据。

日本所得税法对不同的信托品种在税率及课征方法规定上有所不同,例如在纳税义务发生时点上对单独运用金钱信托、有价证券信托、动产和不动产信托、金钱债权信托等往往实行发生主义原则,所得发生时即为纳税义务成立时;而对合同指定运用信托、贷款信托、证券投资信托、退休年金信托等实行实现主义原则,在利益分配时产生纳税义务。

(四)我国信托所得税制概述

由于受到市场发展程度、社会文化心理等诸多方面影响,我国现阶段信托业的发展主要局限于法人信托,相关的税收也主要是针对信托投资公司。根据中国人民银行2001年2月颁布的《信托投资公司管理办法》规定的信托公司业务范围,当前我国信托业所涉及的税收主要是个人所得税和企业所得税。

1. 个人所得税

这是绝大部分信托受益人都要涉及的一种税收,我国现阶段实行的分类所得的个人所得税制度,受益人从受托人获得的所得类型判定应依照信托机构所得的来源途径具体判定，例如利息、股利、红利所得。由于我国信托业自身的局限性和我国传统文化的约束，现阶段个人与信托投资机构的关系较大程度上体现在个人对基金的购买上。我国个人所得税规定：对个人投资者买卖基金单位获得的差价收入，在个人买卖股票的差价收入未恢复征收个人所得税之前，暂不征收个人所得税。对投资者从基金分配中获得的股票股息、红利收入和企业债券的利息收入，由于上市公司和发行债券的企业在向基金派发股息、红利、利息时代扣代缴20%的个人所得税，基金向个人投资者分配股息、红利、利息时，不再代扣代缴个人所得税。对投资者从基金分配中获得的国债利息、储蓄存款利息以及买卖股票差价收入，在国债利息收入、个人储蓄存款利息收入以及个人买卖股票差价收入未恢复征收所得税以前，暂不征收所得税。对个人投资者从基金分配中获得的企业债券差价收入，应按税法规定对个人投资者征收个人所得税，税款由基金分配时依法代扣代缴。

2. 企业所得税

他益信托中，企业作为委托人，除了国家明文规定的对公益性、救济性的捐赠，企业可以作为费用扣除外，其他类型的捐赠一律不准扣除。自益信托中，企业作为委托人从信托管理机构所获得各项所得应计入应税收入。但以下情形例外：对企业投资者从基金分配中获得的债券差价收入，暂不征收企业所得税。作为委托人的信托投资机构本身作为金融企业应根据企业所得税税法相关规定纳税，但作为基金管理人的信托投资机构拥有下列优惠：基金管理人运用基金买卖股票、债券的差价收入，在2003年底前暂免征收企业所得税。

**（五）信托所得税制的国际比较**

从中国、英国、美国、日本四国对信托的征税规定来看，四国信托所得税建设中既有共性，又有与各国国情相适应的特殊性。在税收原则选择上，英国、美国作为普通法系国家往往采取实现主义课税原则，即采取所得或信托财产增益产生时不成立纳税义务，等到所得实现、受益人真正取得信托利益时，才成立纳税义务。而日本作为大陆法系国家在税制设计中规定信托所得或信托财产增益发生时，纳税义务就成立，即采取发生主义原则。

在纳税义务人的选择上，英国、美国往往采用信托实体理论。即把信托当成独立的法律人格，所有信托所得都归属于信托财产，对信托本身独立课税。受托人被视为与受托资产相分离的自然人实体，信托所得税的计算不因受托人个人纳税地位和受托人的变更而改变。同时，受益人从信托所获取的收益可以不纳税。日本则采用信托导管理论，认为信托只是作为受托人和受益人之间单纯的财产输送管道，而对受益人信托中得到的收益课征所得税。对委托人和受托人作为利益传输媒介不予课税。我国现行税制规定，不但要对信托机构管理经营信托财产课以企业所得税，还要对分配到受益人手中的信托财产课以个人所得税或是企业所得税，而这将导致重复课税的问题。

在课税对象选择上，四国虽然都是集中于信托所得，但各国具体国情、税收政策导向和征管环境的不同也导致课税对象选择的差异。例如，美国雇员收益信托中，若雇员从合格退休金信托和利润分享信托中所获得的收益转移到个人退休金计划中，可以免税。日本贷款信托的分配收益型的转让所得不课税。我国对个人投资基金所得免于征税等。

在税率设计上四国大致相同，对信托所得课税的税率与个人所得税和企业所得税税率基本一致。

在税收优惠上，四国都对社会保障和公益事业给予了明确的税收倾斜，但各国的侧重点有所不同。英、美两国由于历史的原因，更倾向于对人们热心的公益事业给予税收优惠；而日本则在养老金信托等社会保障上体现其税收的导向性。

## 第四节　家族信托的离岸信托税收分析

### 一、作为信托基地公司的避税地选择

有的国家对转让财产征收较重的税收，当跨国纳税人需要经常进行财产转让时，为了规避原高税国对转让财产所征收的税，可以考虑在避税地建立一个信托基地公司。在避税地建立信托基地公司是很多跨国纳税人进行国际避税的主要手段。

在"避税港"建立的信托公司，主要是离岸信托或境外信托，是指进行委托的跨国纳税人不在本国有住所或不在本国有习惯性住所的，其日常的经营管理都不在本国进行的，而是在境外的避税地进行的，当其需要对某些财产进行转让时，为了规避财产转让所产生的税负，跨国纳税人可以考虑在避税地建立一个信托公司，将自己的财产转移到境外，并将这笔财产以全权信托的方式，委托给建

立在避税地的离岸信托公司代为管理，这样下来，信托财产的收益可以全部积累在避税地，从而避免了因这笔财产所得而产生的大量税负。通过建立这种离岸信托公司，财产的所有人以及信托的受益人便可以规避由这笔财产所得应向本国政府缴纳税款的义务。不仅如此，很多避税地对因信托财产获得的所得征收很少的税或者不征税，因此，对于该笔信托财产的所得，只需向当地政府缴纳很少的税收或者不需要缴纳任何税，这样，就大幅降低了跨国纳税人因财产转让而应该承担的税负。

上市公司利用离岸公司设立家族信托的常用设立地点如表6-2所示。

表6-2  上市公司离岸家族信托

| 企业名称（委托人公司） | | 离岸信托公司（受托人） | 家族信托委托人/受益人 |
| --- | --- | --- | --- |
| 开曼群岛设立家族信托，设立期限可达150年 | SOHO中国 | Capevale有限公司和Boyce有限公司（64%） | 张欣、潘石屹 |
| | 长江实业 | 李嘉诚联合全权信托（40.43%） | 李嘉诚、李泽钜 |
| | 恒基兆业 | 霍普金斯（开曼）有限公司（100%） | 李兆基、李家杰、李宁等 |
| 泽西岛设立家族信托，设立期限可达100年 | 玖龙纸业 | 刘氏家族信托、张氏家族信托以及金巢信托（64.17%） | 张茵的儿子等 |
| 英属维尔京群岛BVI设立家族信托，设立期限达100年 | 龙湖地产 | 吴氏家族信托（45.47%）和蔡氏家族信托（30.25%） | 吴亚军及其他若干家族成员 |
| | 永达汽车 | 丽晶万利（26%） | 张德安及其他若干家族成员 |
| | 新鸿基 | 郭氏家族基金Adolfa等6个信托公司 | 邝肖卿、郭炳江、郭炳联及其家人 |

## 二、主要避税港家族信托的税制分析

以下重点介绍开曼、英属维尔京群岛（BVI）、中国香港地区等地关于家族信托的税收环境。

### （一）开曼群岛的税收制度

开曼群岛位于加勒比海的西面，岛上经济很发达，金融服务业和旅游业是当地政府收入的主要来源。因为开曼群岛是被中国香港证券交易所认可的、获准上市的离岸法区之一,所以越来越多的企业在开曼群岛建立了离岸中心,用以加快企业上市的过程。为了把开曼群岛发展成为一个离岸金融中心,当地政府给予了很大的支持,并且在1997年开曼群岛成立了自己的证券交易所。

1. 开曼群岛的税种

开曼群岛的税种只有土地交易税、印花税、旅游者住宿税等,群岛上没有开征个人所得税、企业所得税和一般财产税,没有任何的利息税、资本增值税、物业税和遗产税,所以开曼群岛被视为一个真正的避税天堂。开曼群岛在1978年获得一个皇家法令,法令规定,开曼群岛可以享受永久性的税收豁免权,并且这个法令至今仍然有效。

开曼群岛没有外汇管制的法例,允许黄金和外汇在交易市场上进行自由买卖,对银行存款的额度也完全没有限制,资金可灵活调动。另外,豁免税收的公司可以随时更改成立的条件,且不需要向群岛政府递交股东名单,公司也无须每年举行股东大会,股票发行时可以无票面价值发行。不过,每年最少要在群岛上举行一次公司董事会会议。作为一个国际金融中心,开曼群岛有独特的优势,它的"法宝"是世界上最为完善的信托财产法。政府对一般形式的信托财产和其委托人没有限制。而且委托文件也不局限于仅在岛上才可签订。

2. 开曼群岛与中国的税收关系

开曼群岛与中国目前也有税收协定。

(二) 英属维尔京群岛的税收制度

英属维尔京群岛位于加勒比海上,是个面积只有153平方千米的小岛,虽然只是小岛,近年来却一跃成为包括中国在内的许多国家吸引外商直接投资的重要来源地。

1. 英属维尔京群岛的税种

英属维尔京群岛在2004年10月对税法进行了调整,并从2005年1月1日起生效执行。目前开征的税种主要有社会保障税、预提所得税、房地产税、关税、印花税、旅店住宿税、旅客离港税等,其主要内容有以下五项。

(1) 全面废除企业所得税和个人所得税。从2005年起对所有企业和个人不再征收所得税。

(2) 新开征社会保障税(雇佣税)。此税由雇员和雇主分别缴纳,税基为雇员工资薪金,雇员缴纳的税率分别为14%和8%,雇主缴纳的税率为6%,而雇员不超过 7 人、年工资薪金总额不超过 15 万美元的小企业，雇主缴纳的税率仅为 2%。

（3）新开征预提所得税。为了与欧盟的"储蓄税法令"保持一致，英属维尔京群岛新开征了预提所得税，税基为个人储蓄存款的利息收益，税率为 15%，若欧盟成员国公司在英属维尔京群岛金融机构拥有储蓄存款，则其利息收益免缴预提所得税。其他税种征收情况与过去相同。

（4）房地产税相对较重，包括房产税和土地税。税率为房产市场评估值的 1.5%。土地税为居民的第 1 英亩土地纳税 10 美元，每增加 1 英亩多缴纳 3 美元税收。外国人缴纳土地税第 1 英亩为 150 美元，每增加 1 英亩多缴纳 50 美元。关税税率为 5%~20%，企业用设备、旅店建设材料等可免税进口。

（5）住宿税。凡租住在旅馆、公寓、别墅不满 6 个月的个人，均需缴纳旅店住宿税，税基为租住费，税率为 7%。旅客离港税为旅客离开英属维尔京群岛时缴纳，乘飞机、轮船、游艇，每人分别缴纳 10 美元、5 美元和 7 美元。

2. 英属维尔京群岛与中国的税收关系

英属维尔京群岛是英联邦成员国之一，属于英国属地，但是有独立议会执行制度。目前，我国与英属维尔京群岛没有签订税收协定，仅和英属维尔京群岛政府签订了税收情报交换的协议，即《国家税务总局关于（中华人民共和国政府和英属维尔京群岛政府关于税收情报交换的协议）及议定书生效执行的公告》。所以境内公司在向英属维尔京群岛的企业支付利息时应按企业所得税法及实施条例的相关规定按照 10% 的税率代扣代缴预提所得税。

中国与英属维尔京群岛签署的上述协议是继与巴哈马于 2009 年 12 月 1 日签署第一个情报交换协议后，中国与离岸金融中心签署的第二个情报交换协议。协议涉及的可交换情报的税种包括在中国境内的个人所得税和企业所得税，以及在英维尔京群岛的所得税、工资税、财产税。根据协议，缔约双方主管当局应当就交换税收情报互相提供协助。情报应包括与相关税收的确定、核定、查证与征收，税收主张的追索与执行，税务调查或起诉，具有可预见相关性的信息。

英属维尔京群岛政府依据中国请求提供的情报包括：银行、其他金融机构以及任何人以代理或受托人身份掌握的情报；有关公司、合伙人、信托、基金以及其他人的法律和受益所有权的情报，在同一所有权链条上一切人的所有权情报；

信托公司委托人、受托人、受益人以及监管人的情报；基金公司基金创立人、基金理事会成员、受益人以及基金公司董事或其他高级管理人员的情报。

### （三）中国香港地区的税收制度

中国香港地区是国际上著名的低税地区之一，不仅因为其税率较低，而且征收的税种也相当少。现阶段，中国香港地区实施的税种主要包括以下五种。

1. 利得税

即向有营业活动的公司及个人征收经营所得税，中国香港地区政府对来自中国香港的所得按17.5%的税率征收所得税，并且可以在税前扣除因获得应税所得时产生的开支。

2. 薪俸税

即向受雇于公司或其他个人而赚取工资与薪金的个人征收的个人所得税，薪俸税是按中国香港地区受雇的个人的收入征收的，其应税所得所适用的税率最高为16%。

3. 遗产税

遗产税是中国香港地区的居民在死亡后将财产转移给另一位居民时所征收的税种，其征税的范围为转移的财产的本金价值。

4. 物业税

即对出租房地产收取的租金收入征收的所得税。

5. 印花税

即对特定财产的交易合同征收的一种行为税，股票交易按交易价的0.225%征收，房产交易则按交易价的0.75%~3.75%不等进行征收。

中国香港地区实行单一的所得来源地税收管辖原则。即只对来源于中国香港地区或被推定来源于中国香港地区的所得征税，而不考虑收入取得者是否为中国香港地区居民。也就是说，无论纳税人是中国香港地区居民还是非中国香港地区居民，都只需要就其从中国香港地区取得的所得纳税，其来源于中国香港地区以外任何地方的任何所得即使汇到中国香港地区也不需要纳税。这种做法使征税范围大为缩小。而大陆采取属地兼属人原则，本国居民和公司从事的应税交易，无论其收入来源于境内还是境外，本国均进行征税。

中国香港地区的税法还规定了许多豁免或减免项目，例如纳税人许可的各项费用、认可的慈善捐款、认可的退休金计划供款、认可的教育与科研经费支出、已往年度的经营亏损等。与大陆税法有限制不同，香港公司还可全数扣除支出，例如，娱乐费、车费和旅游费；董事（股东、投资者）及其妻子的工资也可作为支出扣除；而内地税法比较注重利用税收优惠实行产业政策倾斜。以企业所得税为例，其税收优惠政策范围概括起来包括三个方面：特定企业优惠，例如外商投资企业、新办高新技术企业、校办企业、福利企业等；特定项目优惠，例如"三废"利用生产等项目；特定地区优惠，例如"老、少、边、穷"地区新办企业。

**（四）"避税港"家族信托的税收优惠政策**

1. 开曼群岛

不征收个人所得税、公司所得税、资本利得税、遗产继承税、财产赠与税、人息税和物业税。主要征收关税和牌照税。在开曼群岛上没有外汇管制，允许黄金及外汇的自由买卖，对银行存款没有限制，有灵活的信托财产法。

2. 英属维尔京群岛

不征收企业所得税和个人所得税，对在岛上的公司征收社会保障税、预提所得税、房产税、土地税、关税、住宿税。

3. 中国香港地区

最主要的特点是来源地税收管辖，对于不是来自中国香港地区的所得则不征税。中国香港地区开征利得税、薪俸税、遗产税、印花税。与中国内地有税收协定。

**（五）各"避税港"的特点及优势**

1. 开曼群岛

在开曼群岛注册离岸公司，必须委任至少一名当地董事，并且拥有任何国籍的自然人和法人都可以同时兼任董事，但是在开曼群岛的离岸公司每年至少举行一次周年股东大会，并提交周年申报表。在开曼注册的离岸公司除了享受极低的税收以外，更重要的一点是以开曼群岛作为上市公司的注册地被广大交易所接纳，因此，很多企业选择在开曼群岛注册的离岸公司作为上市的跳板。但是由于其注册以及管理上的要求较为严格，很多企业在综合考虑后不一定会选择在开曼群岛设立机构，而是更倾向于管理较松的英属维尔京群岛。

2. 英属维尔京群岛

在英属维尔京群岛注册的离岸公司可以享受极低甚至免税的税收优惠，为企业进行各种财务安排提供了方便，并节省了大量的资金流，此外，离岸公司还可以拥有高度的保密性及较少的外汇管制。对英属维尔京群岛的投资多数会豁免征收利得税，因此，对于从事金融、保险、控股的公司来说，是首要的选择。

3. 中国香港地区

虽然中国香港地区有着得天独厚的地理位置，其与中国内地签订有税收协定，但一些企业依然会选择其他避税地进行避税，主要原因是内地与中国香港地区签署的《内地和香港特别行政区关于对所得避免双重征税和防止偷漏税的安排》中有税收情报交换条款，而其他避税地国家和地区多数与中国没有签订税收协定，避税的风险相对较小。但是，由于中国资本发展的一些限制，很多民营企业在中国上市还存在着比较大的困难，因此，中国香港地区成为很多企业的目标地。很多企业在百慕大或开曼群岛注册的离岸公司一般都会选择在中国香港地区上市，在避税的同时也实现了上市的目的。

同时，在选择避税地的过程中，一定要注意国际反避税中对不同避税地的相关要求，并不是开征税种少的避税地减少的税负就更多，其可能花的成本也会更大，这里只是简单地对不同避税地的税负作一个比较，选择在"避税港"建立家族信托应谨慎比较各方面因素。

## 三、主要移民国家家族信托的税制分析

由中国与全球化智库（CCG）编撰、社会科学文献出版社出版的《中国国际移民报告（2015）》于 2015 年 3 月在京发布，该报告指出，中国向主要发达国家移民人数基本保持稳定。我国华侨总数约为 6000 万人，中国国际移民群体成为世界上最大的海外移民群体。中国移民的主要目的地为美国、加拿大、澳大利亚、韩国、日本和新加坡等国家。2013 年，获得美国、加拿大、澳大利亚三国永久居留权的中国人分别约为 71798 人、34000 人、27334 人，总数为 13.3 万人。本书因篇幅限制，主要介绍新加坡和美国家族信托的税收环境。

### （一）新加坡家族信托的税收环境

1. 新加坡信托行业发展现状

新加坡作为世界金融中心之一，资本市场基础坚实，金融基础设施齐全，基金管理经验丰富，为信托行业的发展提供了优越的平台。据新加坡金融管理局统计报告显示，2011 年度新加坡的货币供给是 6000 亿元人民币，总的外汇储备达

到 18600 万亿元人民币，资本流动十分活跃。从事信托业务的机构有 70 家，其中，注册成立的信托公司 48 家，拥有信托业务的商业银行、金融企业、汇款机构、汇兑机构有 22 家。新加坡对信托行业的管理非常完善，专业的受托人必须获取执照并接受监管部门的监管。在新加坡信托法律体制下，设立人可以保留其投资的权利，因此，客户仍然可以积极地参与到信托资产的投资管理中。

2. 新加坡家族信托税收环境

新加坡作为中国离岸家族信托避税的临近舞台，除了优越的金融环境和专业信托服务外，更在于其对信托行业采取宽松优惠的税收政策。

新加坡以属地原则征收所得税，凡是来自新加坡的一切所得均需纳税，但来自国外的股息、国外分支机构的利润或通过国外劳务获得的收入免税。在新加坡设立的信托基金取得的投资收入必须按照新加坡所得税法缴纳公司所得税，最高税率为 17%。

新加坡公司所得税法对不同的信托基金取得的收入都做了详细的规定，包括房地产投资信托（REIT）、指定的单位信托或者是 CPF 认可的单位信托、海外信托、慈善目的信托、注册商业信托等。

根据《新加坡公司所得税法》的规定，信托基金享有很多优惠的税收减免条例。信托公司应税所得的前 30 万元新币可以获得税收抵免，前 1 万元新币可以免除其 75% 的所得税，剩余 29 万新币的应税所得可以免除 50% 的所得税：信托基金只要符合相关条款规定就可以适用税收透明优惠条例，免征公司所得税或者享受 10% 的低税率。例如，对于房地产投资信托而言，在符合一定条件时（受托人在同一年将其至少 90% 的应纳税所得额分配给基金单位持有人）。2010 年 2 月 18 日~2015 年 3 月 31 日，房地产投资信托基金可能被视为税收透明实体，其租金收入和股息收入均可享受税收透明优惠条例。

对信托和商业信托公司分配给基金单位持有人、受益人和股份持有人的收益不征所得税；对信托公司取得的来自新加坡以外的股息所得免征所得税，根据所得税单层体系制度，对股东的股息分配所得免征所得税。

凡是属于新加坡税收居民的信托公司，均适用涉外税收优惠制度，享有相应的税收抵免优惠。对于信托基金而言，新加坡还制订了很多税收优惠方案，例如信托基金奖励计划、离岸基金奖励计划、居民基金奖励计划以及增强层基金奖励计划。

以离岸基金奖励计划为例，其优惠政策规定某些指定的个人从在新加坡进行管理的基金通过指定的投资获得的收入免征新加坡所得税，该指定的人包括：该个人非新加坡居民或公民，只是派人管理其在新加坡的基金；该公司非新加坡税收居民，在新加坡没有常设机构也没有在新加坡进行任何经商活动，且该公司发行的股票直接或间接被新加坡居民、公民或常设机构投资拥有；信托基金的受托人非新加坡税收居民、公民或在新加坡没有常设机构。

截至 2014 年 12 月 31 日，新加坡已与 68 个国家签订了避免双重征税的协定，其中，61 个国家是全面的税收协定，另外 3 个国家只覆盖运输收入。对协定国家的居民取得或来源于新加坡的收入，都将给予避免双重征税的好处。这为中国在新加坡进行离岸信托避税提供了很好的法律环境。

3. 新加坡与中国家族信托业务涉及的税种对比

通过对新加坡和中国的信托业务涉及的税种进行对比分析可以发现，新加坡的税制更加简单，税负远比中国要低，而且还有很多税收抵扣和免税条例。就公司所得税而言，新加坡的公司所得税税率为 17%，仅对来自新加坡境内的所得征税，并且有抵免额，而中国为 25%，对信托公司的全球所得均征收所得税。在个税方面，新加坡居民取得来自境内信托公司的收益需缴纳个税，税率为 2%~20%，免征额为 2 万元新币，但是中国居民取得无论是国内还是国外信托公司的收益均需纳税，税率为 20%。信托公司持有的建筑物、土地，在新加坡需要按时缴纳财产税，民用财产税率为 4%，商业财产为 10%；而在中国，若按房产余值计征的，房产税年税率为 1.2%，若按房产出租的租金收入计征的，税率为 12%。对于信托基金在新加坡境内销售商品或提供劳务取得的所得需征收商品劳务税，税率为 7%，在中国征收增值税和营业税，税率分别为 17%、5%。由此可见，中国对信托基金的征税范围比新加坡更广，税率更高，加重了信托公司的负担，不利于信托行业的发展。特别是在信托基金分配股息方面，中国会出现双重征税现象，信托公司不仅需就其自身经营所得缴纳企业所得税，之后分配给外国投资者和个人投资者的股息仍需缴纳预提所得税。而新加坡对纳税人来自境外的股息所得不征税。

4. 中国在新加坡进行离岸家族信托避税的方式

新加坡是中国演绎离岸信托避税的临近舞台，中国在新加坡设立离岸家族信托进行避税有以下三种方式和措施。

（1）通过离岸信托延迟纳税。如果家族信托委托人在国内拥有一份能产生收益的财产，为了减轻中国的所得税税负，就可以通过自益家族信托的方式将这笔财产转移到新加坡信托机构（或新加坡居民受托人）的名下，从而避免在中国的即期纳税，这是纳税人采用信托进行避税最原始的方法，主要适用于一些以动产、不动产、知识产权、有价证券等作为信托财产的家族信托。

（2）通过离岸信托进行低税负融资。除了自益性家族信托，跨国公司还可以利用他益家族信托的方式在各关联公司之间进行低成本融资。

例如，中国母公司A想拨款给新加坡的子公司B，若按正常交易原则，中国母公司A将会收到来自子公司B的一笔贷款利息，此利息将承担中国25%的所得税。但如果母公司A将一笔财产采取信托的方式，指定新加坡成立的信托公司为受托人，位于新加坡的子公司B为受益人，这样子公司B将会得到一笔无息贷款，如图6-1所示。

**图6-1 利用他益家族信托在新加坡子公司进行融资**

根据新加坡所得税法，若受益人子公司B取得的收入为受托人非经贸所得时适用税收透明优惠条例，可以享受免税或10%的低税率。而且根据居民基金激励计划，在新加坡成立的公司获得来自由新加坡的经理管理的位于新加坡的基金收益免征所得税，若该笔资金符合增强层基金激励计划，则可以享受更多的税收优惠政策，这大大降低了整个企业集团的税负。

（3）通过离岸家族信托减轻预提所得税。离岸家族信托还可用于减少预提所得税。预提所得税简称预提税，是指源泉扣缴的所得税，它不是一个税种，而是世界上对这种源泉扣缴的所得税的习惯叫法。中国《企业所得税法》第3条和《实施条例》第91条规定，外国企业在中国境内未设立机构、场所，而有取得的来源于中国境内的利润（股息、红利）、利息、租金、特许权使用费和其他所得，或者虽设立机构、场所，但上述所得与其机构、场所没有实际联系的，都应当缴纳20%的所得税。

例如，中国母公司A有来自乙国子公司B的股息，而中国与乙国之间并没有签订双边税收协定，并且乙国国内税法规定对汇出其本国的股息要征收高税率的预提税，为了规避乙国高额的预提税，中国纳税人可以与中国和乙国都签订了减免预提所得税的国家——新加坡的新加坡银行签订信托合同，委托新加坡银行收取来自乙国的股息，然后指定自己为受益人。根据中国和新加坡的税收协定，预提所得税的税率为10%，且新加坡对国外收入不征收预提税，大大减轻了税负。

通过离岸家族信托可以在一定程度上为中国家族信托委托人掩护其在避税地子公司的所有权或关联关系，为其通过转让定价等将来自各地的利润汇集到避税地，以及避开中国的高税负提供便利。

中国家族信托委托人可以通过自益信托的方式把自己所拥有的关联公司委托给新加坡的信托机构进行管理，这样信托机构就成了关联公司法律上的所有人，或者在新加坡直接建立信托公司，由母公司经营管理，然后将各地控股公司的股权交由信托公司拥有，通过这两种方式隐瞒其对关联公司或受控子公司的真实所有权，从而摆脱税务机关的追查，与该关联公司进行各种交易来避税。

总之，出于对新加坡优越的金融环境，活跃的资本流动，林立的信托公司，成熟的信托业务，完善的信托体制和严密的客户资讯保密条例的考虑，它是中国离岸家族信托避税最好的临近舞台。但是，利用新加坡进行信托避税时，中国家族信托委托人需要综合分析新加坡和中国的经济、税制、法律等情况，并结合自身的经营战略和需要进行精心斟酌，设计出最佳的避税方案。

### （二）美国家族信托的税收环境

#### 1. 美国家族信托涉及的税种

税收是使得家族信托财产在传递过程中不断蒸发的"刽子手"，在美国涉及财产转移税收的科目主要有五种，如表6-3所示。

表6-3　　　　　　　　财产规划及传承涉及的税目

| 税目 | 释义 |
| --- | --- |
| 转移税 | 将财产所有权从一个人转移至另一个人或机构时征收的税 |
| 遗产税 | 对遗产的继承人征收的税。当遗产继承人是死者配偶或子女时，税率通常有优惠 |
| 财产税 | 对死者的财产整体征收的税。2011年该税税率为35% |
| 赠与税 | 一个人生前将金钱或资产赠与他人时纳税的税负 |
| 跨代遗产税 | 一个人将遗产直接赠与他人或直接转移至信托，如果受益人同时为其孙子辈或无血缘关系但年龄小于其37.5岁时征收的税 |

在家族信托转移财产时，以 500 万元的初始财产来计算，假设转移财产的税率是 30%，经历一代以后剩余 350 万元，经历两代以后剩余 245 万元，即只有一半财产的剩余。因此，转移财产的税收绝对是企业家们传递财富的"绊脚石"。

如果将资产委托给家族信托持有，但经营权依然在原持有人，那么只要信托期限持续足够长，可以认为财产在传承的过程中除了在第一次转移至信托时需要缴税外，以后不会再转移，也不需要再缴税。美国各行业的企业家们为此作出了不懈努力，使在一些州允许设立期限足够长的信托。自此企业主们只需要在最初的财产转移过程中缴税，后端的税费可以无限制地延迟。

对于企业主们来说，如何能够更好地避免前端的转移税收呢？美国的金融服务机构熟练地运用一些技术性处理，通过类似于资产的折扣作为杠杆产生更高的抵税额度和纳税豁免额，这样使企业家能将更多资产免税装入信托公司。

2. 美国家族信托的避税方式

在美国，只有以公益为目的的信托可以不缴纳转移税费，其他都需要在财产转移的时候缴纳遗产税（死亡）和赠与税（未死亡）。统一抵税额策略可以用来保护这样的资产转移不被征税。对于统一抵税额而言，每个转移人一生有 400 万美元的豁免额（2012 年），活着的时候可以用 100 万美元，死亡时可以用 300 万美元。仅仅这 100 万美元已经足以让很多税务咨询机构灵活地运用，其主要技术点在于把握赠与的时间，这个时间窗口可以用来控制报税时的赠与价值，同样的方法在后面的杠杆化免税额（Note-Sale）策略中也可以使用。

如果设立家族信托转移了财产，是不是只用缴纳一次转移税，只要信托永续存在，就不用再缴纳转移税而使子孙后代享受家族财产的收益呢？企业家们没那么幸运，美国政府会对跨代转移的财产征收跨代转移税。这对于那些企图通过设立长期信托来避税的企业家来讲绝对是个坏消息。幸运的是，对于跨代税，同样的每个转移人一生有 400 万美元的免税额，活着的时候可以用 100 万美元，死亡时可以用 300 万美元。对于这些跨代转移的资产，跨代税豁免额可以用来技术性避税。

低于上述额度的可以顺利转移至家族信托而不缴纳税费。但是对一部分拥有巨额财富的家族企业来说，上述免税额不足以解决他们的问题，因此，税务咨询机构和信托服务机构在长年的实践经验中，以上述两个抵税额为基础总结了以下两个策略来规避税收。

(1) 杠杆化免税额（Note-Sale）策略。将资产转移至永久家族信托会被征收两种税——赠与税和跨代税，同时也会享受到两个抵税额。该策略利用估值包装叠加"杠杆效应"，可以将更多的财产转移至信托。

第一步：估值包装。如果将财产直接转移至家族信托，按照统一抵税额和跨代抵税额的规则，一个企业家在活着的时候转移资产只能享受100万美元的统一抵税额和100万美元的跨代抵税额，有没有什么办法可以放大这个值呢？

企业家可以对资产估值进行处理，例如，在设立信托前将家族资产装入家族合伙企业或者有限责任公司，这个公司的股权分别设为有投票权的股份和没有投票权的股份，并通过家族成员持有上述两种股份。

这时我们就可以更加有效地利用统一抵税额和跨代豁免额。随着时间的延续，没有投票权的股份在估值时会被大打折扣，在这种情况下，资产价值一般会打6折。也就是说100万美元的估值是60万美元。那么100万美元统一抵税额和跨代豁免额可以转移166.7万美元。如果是夫妇两人可以免税转移333.3万美元。

第二步：购买打折资产。将家族资产装入一家封闭的公司只是设立一个永久信托的第一步，通过没有表决权的股份打折这种方法避税还没能完全发掘统一抵扣额相跨代豁免额的潜力。将上述100万美元股权装入永久信托，信托的受托人从上述封闭公司的家族人员中再购买1000万美元的无投票权股份，其中，100万美元首付，900万美元贷款，并采用期末整付的方式还款，这样只需在贷款期间付利息。至此家族信托中拥有了1000万美元的无投票权资产，实际这些资产的价值是1667万美元。如果是一个家庭夫妇两人，相当于转移了3333万美元。

如前文所述，100万美元购买1000万美元的股权只用了10倍杠杆，这并不算大，如果继续放大杠杆，可以装入更多的资产。同时需要注意上述操作实现的法律问题，只要合乎当地法律认定是购买而非赠与的条款即可。

(2) "零税负"捐赠者剩余年金信托（GRAT）策略。该策略可以实现零税负传递财富，问题的关键在于是否可以有效利用折扣和基于IRS假定的资产收益率这两个指标。

杠杆化免税额（Note-Sale）是一种非常有效的方式，可以在100万美元统一抵税额和跨代豁免额的税收优惠下运作1000万美元的免税资产转移。但是这仍然不能满足一些企业家的要求，然而捐赠者剩余年金信托策略可以实现在缴纳很小额度税款的情况下实现其他财富的转移,捐赠者剩余年金信托策略中最极端的状况可以达到"零税负"捐赠者剩余年金信托。

捐赠者剩余年金信托是一种形式的信托,当设立捐赠者剩余年金信托以后,受托人每年按照一定的收益率付息给委托人/受益人。对捐赠者剩余年金信托的收益率税务局会有一个设定值 Yp,税务局仅对 Yp 部分征税,如果当年信托的实际收益率 Ya 大于 Yp,超出部分转移至下一代时不征税。

如果受托人支付给委托人的收益率足够高,使注入资产的净现值为零,也就是将税务局设定的 Yp 置于"零",那将意味着到期时所有资产的转移都不需要缴税,这种情况即为"零税负"捐赠者剩余年金信托。

我们用一个案例来表示,一个非上市公司股权价值 1000 万美元,将 200 万股权设立了捐赠者剩余年金信托。假设设定收益率 Yp 是 10%,实际收益率是 20%。200 万股权置入信托是因为折扣(6 折),置入时的实际价值是 120 万美元。捐赠者剩余年金信托的期限一般是 2~5 年(根据法律规定),假设两年后到期,超出设定收益率的部分全部转移给子女。那么 2 年后,委托人得到本金加利息共计 144 万美元,即:

$$120 \text{ 万美元} + 120 \text{ 万美元} \times 10\% \times 2 \text{ 年} = 144 \text{ (万美元)}$$

转移至子女的价值为:

$$(200 \text{ 万美元} - 120 \text{ 万美元}) + 10\% \times 120 \text{ 万美元} \times 2 \text{ 年的收益} = 104 \text{ (万美元)}$$

如果公司在两年中上市,200 万美元的股权升值至 1000 万美元,那么转移给子女的资产价值可以达到 904 万美元,且不用缴纳任何费用。整个过程只有税务局设定的 10% 的收益需要缴税。捐赠者剩余年金信托的缺点在于因存续期间只有 2~5 年,不能充分利用 GST 跨代豁免额。只能将财富转移给下一代,不能传至孙代。

上述两种避税方法只是众多家族信托避税策略中的一部分,也只是揭示了美国信托避税的一些基本原理。中国企业如果希望在美国设立家族信托可作为借鉴。

# 附录 《中华人民共和国信托法》

(2001年4月28日第九届全国人民代表大会常务委员会第二十一次会议通过 2001年4月28日中华人民共和国主席令第五十号公布 自2001年10月1日起施行)

## 第一章 总 则

**第一条** 为了调整信托关系，规范信托行为，保护信托当事人的合法权益，促进信托事业的健康发展，制定本法。

**第二条** 本法所称信托，是指委托人基于对受托人的信任，将其财产权委托给受托人，由受托人按委托人的意愿以自己的名义，为受益人的利益或者特定目的，进行管理或者处分的行为。

**第三条** 委托人、受托人、受益人（以下统称信托当事人）在中华人民共和国境内进行民事、营业、公益信托活动，适用本法。

**第四条** 受托人采取信托机构形式从事信托活动，其组织和管理由国务院制定具体办法。

**第五条** 信托当事人进行信托活动，必须遵守法律、行政法规，遵循自愿、公平和诚实信用原则，不得损害国家利益和社会公共利益。

## 第二章 信托的设立

**第六条** 设立信托，必须有合法的信托目的。

**第七条** 设立信托，必须有确定的信托财产，并且该信托财产必须是委托人合法所有的财产。

本法所称财产包括合法的财产权利。

**第八条** 设立信托，应当采取书面形式。

书面形式包括信托合同、遗嘱或者法律、行政法规规定的其他书面文件等。

采取信托合同形式设立信托的，信托合同签订时，信托成立。采取其他书面形式设立信托的，受托人承诺信托时，信托成立。

第九条　设立信托，其书面文件应当载明下列事项：

（一）信托目的；

（二）委托人、受托人的姓名或者名称、住所；

（三）受益人或者受益人范围；

（四）信托财产的范围、种类及状况；

（五）受益人取得信托利益的形式、方法。

除前款所列事项外，可以载明信托期限、信托财产的管理方法、受托人的报酬、新受托人的选任方式、信托终止事由等事项。

第十条　设立信托，对于信托财产，有关法律、行政法规规定应当办理登记手续的，应当依法办理信托登记。

未依照前款规定办理信托登记的，应当补办登记手续；不补办的，该信托不产生效力。

第十一条　有下列情形之一的，信托无效：

（一）信托目的违反法律、行政法规或者损害社会公共利益；

（二）信托财产不能确定；

（三）委托人以非法财产或者本法规定不得设立信托的财产设立信托；

（四）专以诉讼或者讨债为目的设立信托；

（五）受益人或者受益人范围不能确定；

（六）法律、行政法规规定的其他情形。

第十二条　委托人设立信托损害其债权人利益的，债权人有权申请人民法院撤销该信托。

人民法院依照前款规定撤销信托的，不影响善意受益人已经取得的信托利益。

本条第一款规定的申请权，自债权人知道或者应当知道撤销原因之日起一年内不行使的，归于消灭。

第十三条　设立遗嘱信托，应当遵守继承法关于遗嘱的规定。

遗嘱指定的人拒绝或者无能力担任受托人的，由受益人另行选任受托人；受益人为无民事行为能力人或者限制民事行为能力人的，依法由其监护人代行选任。遗嘱对选任受托人另有规定的，从其规定。

## 第三章 信托财产

**第十四条** 受托人因承诺信托而取得的财产是信托财产。

受托人因信托财产的管理运用、处分或者其他情形而取得的财产，也归入信托财产。

法律、行政法规禁止流通的财产，不得作为信托财产。

法律、行政法规限制流通的财产，依法经有关主管部门批准后，可以作为信托财产。

**第十五条** 信托财产与委托人未设立信托的其他财产相区别。设立信托后，委托人死亡或者依法解散、被依法撤销、被宣告破产时，委托人是唯一受益人的，信托终止，信托财产作为其遗产或者清算财产；委托人不是唯一受益人的，信托存续，信托财产不作为其遗产或者清算财产；但作为共同受益人的委托人死亡或者依法解散、被依法撤销、被宣告破产时，其信托受益权作为其遗产或者清算财产。

**第十六条** 信托财产与属于受托人所有的财产（以下简称固有财产）相区别，不得归入受托人的固有财产或者成为固有财产的一部分。

受托人死亡或者依法解散、被依法撤销、被宣告破产而终止，信托财产不属于其遗产或者清算财产。

**第十七条** 除因下列情形之一外，对信托财产不得强制执行：

（一）设立信托前债权人已对该信托财产享有优先受偿的权利，并依法行使该权利的；

（二）受托人处理信托事务所产生债务，债权人要求清偿该债务的；

（三）信托财产本身应担负的税款；

（四）法律规定的其他情形。

对于违反前款规定而强制执行信托财产，委托人、受托人或者受益人有权向人民法院提出异议。

**第十八条** 受托人管理运用、处分信托财产所产生的债权，不得与其固有财产产生的债务相抵销。

受托人管理运用、处分不同委托人的信托财产所产生的债权债务，不得相互抵销。

## 第四章 信托当事人

### 第一节 委托人

第十九条 委托人应当是具有完全民事行为能力的自然人、法人或者依法成立的其他组织。

第二十条 委托人有权了解其信托财产的管理运用、处分及收支情况，并有权要求受托人作出说明。

委托人有权查阅、抄录或者复制与其信托财产有关的信托账目以及处理信托事务的其他文件。

第二十一条 因设立信托时未能预见的特别事由，致使信托财产的管理方法不利于实现信托目的或者不符合受益人的利益时，委托人有权要求受托人调整该信托财产的管理方法。

第二十二条 受托人违反信托目的处分信托财产或者因违背管理职责、处理信托事务不当致使信托财产受到损失的，委托人有权申请人民法院撤销该处分行为，并有权要求受托人恢复信托财产的原状或者予以赔偿；该信托财产的受让人明知是违反信托目的而接受该财产的，应当予以返还或者予以赔偿。

前款规定的申请权，自委托人知道或者应当知道撤销原因之日起一年内不行使的，归于消灭。

第二十三条 受托人违反信托目的处分信托财产或者管理运用、处分信托财产有重大过失的，委托人有权依照信托文件的规定解任受托人，或者申请人民法院解任受托人。

### 第二节 受托人

第二十四条 受托人应当是具有完全民事行为能力的自然人、法人。

法律、行政法规对受托人的条件另有规定的，从其规定。

第二十五条 受托人应当遵守信托文件的规定，为受益人的最大利益处理信托事务。

受托人管理信托财产，必须恪尽职守，履行诚实、信用、谨慎、有效管理的义务。

第二十六条 受托人除依照本法规定取得报酬外，不得利用信托财产为自己谋取利益。

受托人违反前款规定，利用信托财产为自己谋取利益的，所得利益归入信托财产。

第二十七条　受托人不得将信托财产转为其固有财产。受托人将信托财产转为其固有财产的，必须恢复该信托财产的原状；造成信托财产损失的，应当承担赔偿责任。

第二十八条　受托人不得将其固有财产与信托财产进行交易或者将不同委托人的信托财产进行相互交易，但信托文件另有规定或者经委托人或者受益人同意，并以公平的市场价格进行交易的除外。

受托人违反前款规定，造成信托财产损失的，应当承担赔偿责任。

第二十九条　受托人必须将信托财产与其固有财产分别管理、分别记账，并将不同委托人的信托财产分别管理、分别记账。

第三十条　受托人应当自己处理信托事务，但信托文件另有规定或者有不得已事由的，可以委托他人代为处理。

受托人依法将信托事务委托他人代理的，应当对他人处理信托事务的行为承担责任。

第三十一条　同一信托的受托人有两个以上的，为共同受托人。

共同受托人应当共同处理信托事务，但信托文件规定对某些具体事务由受托人分别处理的，从其规定。

共同受托人共同处理信托事务，意见不一致时，按信托文件规定处理；信托文件未规定的，由委托人、受益人或者其利害关系人决定。

第三十二条　共同受托人处理信托事务对第三人所负债务，应当承担连带清偿责任。第三人对共同受托人之一所作的意思表示，对其他受托人同样有效。

共同受托人之一违反信托目的处分信托财产或者因违背管理职责、处理信托事务不当致使信托财产受到损失的，其他受托人应当承担连带赔偿责任。

第三十三条　受托人必须保存处理信托事务的完整记录。

受托人应当每年定期将信托财产的管理运用、处分及收支情况，报告委托人和受益人。

受托人对委托人、受益人以及处理信托事务的情况和资料负有依法保密的义务。

第三十四条　受托人以信托财产为限向受益人承担支付信托利益的义务。

第三十五条　受托人有权依照信托文件的约定取得报酬。信托文件未做事先约定的,经信托当事人协商同意,可以作出补充约定;未做事先约定和补充约定的,不得收取报酬。约定的报酬经信托当事人协商同意,可以增减其数额。

第三十六条　受托人违反信托目的处分信托财产或者因违背管理职责、处理信托事务不当致使信托财产受到损失的,在未恢复信托财产的原状或者未予赔偿前,不得请求给付报酬。

第三十七条　受托人因处理信托事务所支出的费用、对第三人所负债务,以信托财产承担。受托人以其固有财产先行支付的,对信托财产享有优先受偿的权利。

受托人违背管理职责或者处理信托事务不当对第三人所负债务或者自己所受到的损失,以其固有财产承担。

第三十八条　设立信托后,经委托人和受益人同意,受托人可以辞任。本法对公益信托的受托人辞任另有规定的,从其规定。受托人辞任的,在新受托人选出前仍应履行管理信托事务的职责。

第三十九条　受托人有下列情形之一的,其职责终止:

(一)死亡或者被依法宣告死亡;

(二)被依法宣告为无民事行为能力人或者限制民事行为能力人;

(三)被依法撤销或者被宣告破产;

(四)依法解散或者法定资格丧失;

(五)辞任或者被解任;

(六)法律、行政法规规定的其他情形。

受托人职责终止时,其继承人或者遗产管理人、监护人、清算人应当妥善保管信托财产,协助新受托人接管信托事务。

第四十条　受托人职责终止的,依照信托文件规定选任新受托人;信托文件未规定的,由委托人选任;委托人不指定或者无能力指定的,由受益人选任;受益人为无民事行为能力人或者限制民事行为能力人的,依法由其监护人代行选任。原受托人处理信托事务的权利和义务,由新受托人承继。

第四十一条　受托人有本法第三十九条第一款第(三)项至第(六)项所列情形之一,职责终止的,应当作出处理信托事务的报告,并向新受托人办理信托财产和信托事务的移交手续。前款报告经委托人或者受益人认可,原受托人就报告中所列事项解除责任。但原受托人有不正当行为的除外。

**第四十二条** 共同受托人之一职责终止的，信托财产由其他受托人管理和处分。

第三节 受益人

**第四十三条** 受益人是在信托中享有信托受益权的人。受益人可以是自然人、法人或者依法成立的其他组织。

委托人可以是受益人，也可以是同一信托的唯一受益人。

受托人可以是受益人，但不得是同一信托的唯一受益人。

**第四十四条** 受益人自信托生效之日起享有信托受益权。信托文件另有规定的，从其规定。

**第四十五条** 共同受益人按照信托文件的规定享受信托利益。信托文件对信托利益的分配比例或者分配方法未做规定的，各受益人按照均等的比例享受信托利益。

**第四十六条** 受益人可以放弃信托受益权。

全体受益人放弃信托受益权的，信托终止。

部分受益人放弃信托受益权的，被放弃的信托受益权按下列顺序确定归属：

（一）信托文件规定的人；

（二）其他受益人；

（三）委托人或者其继承人。

**第四十七条** 受益人不能清偿到期债务的，其信托受益权可以用于清偿债务，但法律、行政法规以及信托文件有限制性规定的除外。

**第四十八条** 受益人的信托受益权可以依法转让和继承，但信托文件有限制性规定的除外。

**第四十九条** 受益人可以行使本法第二十条至第二十三条规定的委托人享有的权利。受益人行使上述权利，与委托人意见不一致时，可以申请人民法院做出裁定。

受托人有本法第二十二条第一款所列行为，共同受益人之一申请人民法院撤销该处分行为的，人民法院所作出的撤销裁定，对全体共同受益人有效。

第五章 信托的变更与终止

**第五十条** 委托人是唯一受益人的，委托人或者其继承人可以解除信托。信托文件另有规定的，从其规定。

第五十一条　设立信托后，有下列情形之一的，委托人可以变更受益人或者处分受益人的信托受益权：

（一）受益人对委托人有重大侵权行为；

（二）受益人对其他共同受益人有重大侵权行为；

（三）经受益人同意；

（四）信托文件规定的其他情形。

有前款第（一）项、第（三）项、第（四）项所列情形之一的，委托人可以解除信托。

第五十二条　信托不因委托人或者受托人的死亡、丧失民事行为能力、依法解散、被依法撤销或者被宣告破产而终止，也不因受托人的辞任而终止。但本法或者信托文件另有规定的除外。

第五十三条　有下列情形之一的，信托终止：

（一）信托文件规定的终止事由发生；

（二）信托的存续违反信托目的；

（三）信托目的已经实现或者不能实现；

（四）信托当事人协商同意；

（五）信托被撤销；

（六）信托被解除。

第五十四条　信托终止的，信托财产归属于信托文件规定的人；信托文件未规定的，按下列顺序确定归属：

（一）受益人或者其继承人；

（二）委托人或者其继承人。

第五十五条　依照前条规定，信托财产的归属确定后，在该信托财产转移给权利归属人的过程中，信托视为存续，权利归属人视为受益人。

第五十六条　信托终止后，人民法院依据本法第十七条的规定对原信托财产进行强制执行的，以权利归属人为被执行人。

第五十七条　信托终止后，受托人依照本法规定行使请求给付报酬、从信托财产中获得补偿的权利时，可以留置信托财产或者对信托财产的权利归属人提出请求。

第五十八条　信托终止的,受托人应当作出处理信托事务的清算报告。受益人或者信托财产的权利归属人对清算报告无异议的,受托人就清算报告所列事项解除责任。但受托人有不正当行为的除外。

## 第六章　公益信托

第五十九条　公益信托适用本章规定。本章未规定的,适用本法及其他相关法律的规定。

第六十条　为了下列公共利益目的之一而设立的信托,属于公益信托:

(一) 救济贫困;

(二) 救助灾民;

(三) 扶助残疾人;

(四) 发展教育、科技、文化、艺术、体育事业;

(五) 发展医疗卫生事业;

(六) 发展环境保护事业,维护生态环境;

(七) 发展其他社会公益事业。

第六十一条　国家鼓励发展公益信托。

第六十二条　公益信托的设立和确定其受托人,应当经有关公益事业的管理机构(以下简称公益事业管理机构)批准。

未经公益事业管理机构的批准,不得以公益信托的名义进行活动。

公益事业管理机构对于公益信托活动应当给予支持。

第六十三条　公益信托的信托财产及其收益,不得用于非公益目的。

第六十四条　公益信托应当设置信托监察人。

信托监察人由信托文件规定。信托文件未规定的,由公益事业管理机构指定。

第六十五条　信托监察人有权以自己的名义,为维护受益人的利益,提起诉讼或者实施其他法律行为。

第六十六条　公益信托的受托人未经公益事业管理机构批准,不得辞任。

第六十七条　公益事业管理机构应当检查受托人处理公益信托事务的情况及财产状况。

受托人应当至少每年一次作出信托事务处理情况及财产状况报告,经信托监察人认可后，报公益事业管理机构核准，并由受托人予以公告。

第六十八条　公益信托的受托人违反信托义务或者无能力履行其职责的，由公益事业管理机构变更受托人。

第六十九条　公益信托成立后，发生设立信托时不能预见的情形，公益事业管理机构可以根据信托目的，变更信托文件中的有关条款。

第七十条　公益信托终止的，受托人应当于终止事由发生之日起十五日内，将终止事由和终止日期报告公益事业管理机构。

第七十一条　公益信托终止的，受托人作出的处理信托事务的清算报告，应当经信托监察人认可后，报公益事业管理机构核准，并由受托人予以公告。

第七十二条　公益信托终止，没有信托财产权利归属人或者信托财产权利归属人是不特定的社会公众的，经公益事业管理机构批准，受托人应当将信托财产用于与原公益目的相近似的目的，或者将信托财产转移给具有近似目的的公益组织或者其他公益信托。

第七十三条　公益事业管理机构违反本法规定的，委托人、受托人或者受益人有权向人民法院起诉。

第七章　附　　则

第七十四条　本法自 2001 年 10 月 1 日起施行。

全国人大常委会

# 参考文献

[1] 包羽菲. 离岸信托避税的法律规制研究 [D]. 西南政法大学, 2011.

[2] 卞耀武. 中华人民共和国信托法释义 [M]. 法律出版社, 2002.

[3] 蔡蓓蕾, 王伯英. 家族信托的"中国模式" [J]. 金融博览 (财富), 2016 (11): 52-54.

[4] 曹超. 论信托避税的立法规制 [D]. 中南大学, 2007.

[5] 常照伦. 两岸信托法制的比较研究 [D]. 中国政法大学, 2005.

[6] 陈赤. 中国信托创新研究 [D]. 西南财经大学, 2008.

[7] 陈玲玲. 双重信托下的信托法律关系研究 [D]. 中南大学, 2014.

[8] 陈远燕, 李雨乔, 张凯. 英国天使投资税收激励政策及对我国的启示 [J]. 税务与经济, 2017 (5): 100-105.

[9] 大连经济技术开发区国家税务局课题组, 苏玲, 姜铮, 陶振华. 避税地避税与防范 [J]. 国际税收, 2013 (11): 53-55.

[10] 杜万华. 最高人民法院物权法司法解释 (一) 理解与适用 [M]. 人民法院出版社, 2016.

[11] 高阳, 徐鹏庆, 杜秀玲. 由"天堂文件"引发的思考: 避税地的诞生及其与英国的历史渊源 [J]. 国际税收, 2018 (4): 43-47.

[12] 韩良. 家族信托法理与案例精析 [M]. 中国法制出版社, 2015.

[13] 郝琳琳. 论信托避税及其防范规则 [J]. 北京工商大学学报 (社会科学版), 2011, 26 (5): 112-116.

[14] 何宝玉. 信托法原理研究 [M]. 中国法制出版社, 2015.

[15] 何宝玉. 信托法原理研究 [M]. 中国政法大学出版社, 2005.

[16] 何家凤, 何少武. 美国虚假信托的税收分析及对我国的启示 [J]. 商业会计, 2011 (28): 79-80.

[17] 胡安举. 我国信托业现状、机遇与发展问题研究 [D]. 西南财经大学, 2012.

[18] 胡旭鹏. 信托财产独立性与交易安全之平衡机制研究 [D]. 华东政法大学, 2014.

[19] 江平, 周小明. 论中国的信托立法 [J]. 中国法学, 1994 (6): 54-60.

[20] 姜雪莲. 日本新信托税制内容探析 [J]. 税务研究, 2014 (6): 89-93.

[21] 蒋金娜. 信托所得课税法律制度完善研究 [D]. 华东政法大学, 2014.

[22] 雷宏. 信托监察人制度研究 [M]. 知识产权出版社, 2011.

[23] 李健飞. 美国房地产信托基金研究及对我国的启示 [J]. 国际金融研究, 2005 (1): 48-53.

[24] 李鹏, 李丕东. 信托所得课税的国际比较与经验借鉴 [J]. 财会研究, 2004 (3).

[25] 李生昭. 中国信托税收机理研究——基于信托本质分析基础 [J]. 中央财经大学学报, 2014, 1 (6): 19-22.

[26] 李雨潼. 中日信托业发展历程比较分析 [J]. 现代日本经济, 2009 (3): 21-26.

[27] 李智, 徐元强. 家族信托功能演绎与建构的法理审视 [J]. 云南师范大学学报 (哲学社会科学版), 2015, 47 (5): 81-89.

[28] 林晓霞. 家族信托业务拓展研究 [J]. 时代金融, 2014 (15): 140-141.

[29] 刘冰心. 中国信托业发展的蓝海——家族信托 [J]. 中央财经大学学报, 2015 (S2): 31-35+73.

[30] 刘澄, 王杨. 财产传承类家族信托模式及其产品设计 [J]. 会计之友, 2015 (4): 12-15.

[31] 刘太刚. 公法信托: 英美实践及未来中国公共管理的借鉴 [J]. 北京行政学院学报, 2014 (3): 23-30.

[32] 刘阳. 资产收益权信托法律问题研究 [D]. 华东政法大学, 2014.

[33] 鲁文龙. 欲善其事, 先利其器——评私人银行部门开展家族信托业务 [J]. 银行家, 2014 (4): 58-60.

[34] 吕海宁. 私募股权投资基金税法问题研究 [J]. 财经问题研究, 2013 (1): 73-77.

[35] 马琳琳. 人寿保险信托在遗产规划中的应用研究 [D]. 西南财经大学, 2013.

[36] 欧阳白果. 我国信托税收立法探讨 [D]. 中南大学, 2005.

[37] 欧阳天健. 遗嘱信托中的遗产税规避法律问题研究——兼论我国未来遗嘱信托税收法律体系的构建 [J]. 税务与经济, 2016 (3): 88-93.

[38] 潘瑾. 房地产投资信托税制研究 [D]. 财政部财政科学研究所, 2010.

[39] 强力, 徐瑞阳. 论受托人注意义务与亲自管理义务之完善——以家族信托为视角 [J]. 山东警察学院学报, 2016, 28 (1): 30-38.

[40] 邱峰. 家族财富传承最佳之选——家族信托模式研究 [J]. 国际金融, 2015 (2): 63-69.

[41] 邱峰. 财富传承工具之抉择——家族信托模式探析 [J]. 新金融, 2014 (12): 34-38.

[42] 邱峰. 财富传承之忧催生新模式——家族信托探析 [J]. 武汉金融, 2015 (1): 60-62.

[43] 冉克平. 夫妻之间给予不动产约定的效力及其救济——兼析《婚姻法司法解释（三）》第6条 [J]. 法学, 2017 (11): 154-167.

[44] 沈铁蕾. 遗产税的经济和社会效应研究 [D]. 浙江大学, 2015.

[45] 史佳欣. 我国离岸信托的基本构造及适用困境 [J]. 延安大学学报（社会科学版）, 2018, 40 (1): 107-111.

[46] 史树林. 论我国信托制度的重建 [J]. 中央财经大学学报, 2006 (11): 69-73, 87.

[47] 史文孝. 海峡两岸的不动产税制与物业税改革 [D]. 中国政法大学, 2010.

[48] 苏扬. 基于客体转移视角的国际避税及防范研究 [D]. 吉林大学, 2012.

[49] 孙宪忠.《物权法司法解释（一）》若干问题的分析与适用 [J]. 法律适用, 2016 (10): 29-38.

[50] 汤淑梅. 信托受益权研究理论与实践 [M]. 法律出版社, 2009年.

[51] 王伯英. 中国家族信托源起——从"白帝城托孤"到清代"托孤遗嘱" [J]. 银行家, 2016 (9): 128-130.

[52] 王歌雅. 论继承法的修正 [J]. 中国法学, 2013 (6): 91-102.

[53] 王瑞君. 我国家族信托: 制约因素与相关对策 [J]. 银行家, 2016 (10): 126-127.

[54] 王婷婷, 张欢. 关于中国式家族信托业务市场的开拓与发展研究

[J]. 金融教育研究, 2015, 28 (6): 41-46.

[55] 王小平. 以房养老与财富管理创新 [J]. 中国金融, 2016 (15): 23-24.

[56] 王延明. 家族信托: 打破"富不过三代"的魔咒 [J]. 中国外汇, 2013 (20): 65-67.

[57] 王艳梅. 信托的功能——资本运营视角下的探析 [J]. 当代法学, 2004 (5): 48-54.

[58] 王志诚, 赖源河. 现代信托法论 [M]. 中国政法大学出版社, 2002.

[59] 魏拴成, 宋瑞敏. 家族企业传承类家族信托模式及其产品设计 [J]. 财会月刊, 2016 (14): 104-107.

[60] 吴彬. 我国大陆开征遗产税之难点分析 [D]. 暨南大学, 2012.

[61] 吴晓然, 杨璨. 中国家族信托机构运营模式与发展战略研究 [J]. 新经济, 2016 (13): 45-49.

[62] 武晋. 我国家族信托的法制困境与破解对策 [J]. 南方金融, 2018 (1): 92-100.

[63] 肖韵, 鲁篱. 金融信托的适用例外: 对受益人课税作为信托所得一般课税原则的考察 [J]. 山东社会科学, 2015 (6): 95-99.

[64] 谢俊鹏. 不动产信托税制研究 [D]. 中南大学, 2009.

[65] 谢玲丽, 张钧, 李海铭. 家族信托——全球视野下的构建与运用 [M]. 广东人民出版社, 2015.

[66] 新井诚, 刘华. 信托法 (第四版) [M]. 中国政法大学出版社, 2017.

[67] 邢成, 韩丽娜. 信托税制及其建立原则研究 [J]. 现代财经-天津财经学院学报, 2003 (9): 7-11.

[68] 徐刚. 解释论视角下信托登记的法律效力 [J]. 东方法学, 2017 (6): 137-148.

[69] 徐卫. 规避遗产税的信托行为: 否定抑或宽容——写在未来遗产税开征之前 [J]. 上海财经大学学报, 2013, 15 (2): 40-47.

[70] 许宁, 任培政. 家族资产管理模式研究 [M]. 经济科学出版社, 2016.

[71] 薛贝妮, 刘沛佩. 我国家族信托的探索与实践 [J]. 现代管理科学, 2016 (8): 81-83.

[72] 薛贝妮. 论家族信托受托人义务的立法完善 [J]. 江汉论坛, 2016

(5): 130-133.

[73] 薛瑞锋. 私人银行与银行转型 [J]. 中国金融, 2016 (16): 39-40.

[74] 杨娟. 我国慈善信托所得税优惠制度探析 [J]. 财经问题研究, 2017 (8): 60-66.

[75] 杨立新, 和丽军. 对我国继承法特留份制度的再思考 [J]. 国家检察官学院学报, 2013, 21 (4): 146-156.

[76] 英大国际信托有限责任公司课题组. 家族信托: 财富传承的奥秘 [M]. 经济管理出版社, 2015.

[77] 于霄. 家族信托的法律困境与发展 [J]. 南京大学法律评论, 2014 (1): 201-210.

[78] 袁菁. 试从婚姻法基本原理看离婚房产纠纷的研究 [J]. 法制博览, 2016 (2).

[79] 张传良, 鲍新中. 财产保护类家族信托模式及其产品设计 [J]. 金融理论与实践, 2015 (3): 101-105.

[80] 张淳. 信托合同论——来自信托法适用角度的审视 [J]. 中国法学, 2004 (3): 93-102.

[81] 张恒. 家族信托在中国民营企业股权治理中的应用研究 [D]. 上海交通大学, 2013.

[82] 张天民. 失去衡平法的信托 [D]. 中国政法大学, 2002.

[83] 张运才, 王伯英. 中国特色的家族财产信托 [J]. 银行家, 2016 (11): 130-132.

[84] 赵珂冉. 信托税制法律问题研究 [D]. 中国社会科学院研究生院, 2014.

[85] 周瑞文, 熊小平. 日本证券投资信托业的发展及其给我们的启示 [J]. 现代日本经济, 1993 (2): 40-43.

[86] 周小明. 信托制度: 法理与实务 [M]. 中国法制出版社, 2012.

[87] 周正兵. 传媒企业中的特殊管理股: 理论、应用及其启示——以纽约时报公司为例 [J]. 编辑之友, 2016 (3): 25-29.

[88] 朱圆. 论信托的性质与我国信托法的属性定位 [J]. 中外法学, 2015, 27 (5): 1215-1232.

v